COLECCIÓN
Centinela

AF274642

ROGER MARCOS

MINDFULNESS PARA LA VIDA DIARIA

 Plutón
Ediciones

© Plutón Ediciones X, s. l., 2025

Diseño de cubierta y maquetación: Saul Rojas Blonval

Edita: Plutón Ediciones X, s. l.,

           E-mail: contacto@plutonediciones.com
           http://www.plutonediciones.com

I.S.B.N: 979-13-87692-33-9
Depósito Legal: B-8515-2025

Impreso en España / Printed in Spain

PRÓLOGO
EL AQUÍ Y EL AHORA

Llegar al fin,
ya no de la vida,
sino de la simple jornada,
de trabajar, de estudiar,
de vivir, de existir
o de no ser ni hacer nada.

Desde el punto de vista de la física clásica, el tiempo es lineal y avanza de manera inexorable hacia adelante, nunca hacia atrás ni hacia los lados, con lo que no hace falta ser budista para darse cuenta de que desde esta visión todo es un eterno presente, donde pasado y futuro no son más que una prolongación de una misma dimensión temporal.

No es que no existan, porque existen y pesan en nuestro ánimo y en nuestras acciones, tanto como anhelo o como nostalgia, pero pesan y están ahí, porque curiosamente forman parte de la misma dimensión temporal que el presente, el que a su vez se nos escapa día a día como el agua o la arena de las manos de esto que llamamos vida.

El tiempo dividido en partes, por tanto, quizá solo sea una ilusión, una manera que nos hemos inventado los humanos en base a nuestras propias limitaciones para así medir los ciclos, la velocidad, las distancias y hasta el lapso que va del nacimiento a la muerte.

Las ilusiones, incluso cuando son del todo falsas, pueden convertirse en realidad gracias al consenso que se establece alrededor de ellas.

Más a menudo de lo que creemos compartimos y defendemos ilusiones como si fueran la verdad verdadera y hasta el propósito de nuestras vidas, de nuestra breve pero intensa existencia, y en base a ellas construimos edificios, reglas y comportamientos sociales y personales, y el tiempo puede ser una de ellas.

Dependiendo de la época y de la cultura se han construido verdaderos absurdos que han pesado en el ánimo y el comportamiento de los grupos humanos que los observan, con la gravedad de que no son fijos, sino generacionales, y que por lo tanto suelen mutar y convertir en bueno lo que antes era malo, o convertir en malo lo que antes era bueno, confundiendo a buena parte de la población, que se aferra al pasado y se desconcierta tanto con su presente como con su posible futuro.

Generación tras generación se producen las mismas quejas, y la gente anclada en el pasado se pregunta: "¿Hasta dónde vamos a llegar?"

Generalmente, los jóvenes abrazan los cambios, pues lo creen novedades y hasta mejoras sociales y de comportamiento, sin darse cuenta de que simplemente están repitiendo revoluciones del pasado, y que en un futuro ellos serán los que critiquen las "novedades" al grito de "todo tiempo pasado fue mejor".

La verdad es que desde hace unos doce mil años, por lo menos, los seres humanos no hemos cambiado esencialmente para nada, y que más que progresar y adelantar repetimos los mismos ciclos y las mismas consignas.

Las guerras y las masacres, por ejemplo, se han mantenido en algunos casos y durante milenios.

Hay países que han logrado etapas y tiempos de paz, pero son muy pocos los que han escapado de la guerra.

Con los crímenes sucede algo parecido, pues no ha habido un solo día en este planeta de humanos en que no se haya derramado la sangre de alguien de una forma criminal y artera.

Las profundas y prolongadas diferencias de riqueza y pobreza se mantienen, y la pirámide social es más o menos la misma desde la primera civilización hasta nuestros días.

Tal pareciera que el tiempo no ha pasado y que seguimos dando vueltas sobre nuestros mismos errores y prejuicios.

El ser humano sigue siendo más emocional que racional, y más animal que lo que se piensa debe ser un humano.

Tenemos maravillosos avances tecnológicos que no se pueden negar, pero que siempre pueden ser destruidos o utilizarse para el mal y no para el bien de la humanidad.

La ciencia es menos certera de lo que se piensa, y se desconoce mucho más de lo que realmente se conoce, sobre todo desde que la filosofía dejó de estudiar a la naturaleza para centrarse en el comportamiento del ser humano y enarbolar la bandera de la felicidad, la bondad y la armonía, y desde que las ecuaciones científicas tienen a las divinidades como variables de sus estudios.

El mundo es un pensamiento.

El tiempo, como el mundo mismo, es más un pensamiento que una realidad profunda y trascendente, donde el *aquí* y el *ahora* se difuminan, dividiendo al eterno presente en partes inconexas que se influyen entre sí pero que no se entienden, porque las distracciones que nos hemos inventado los humanos, unas convenientes y otras inconvenientes, nos tienen sometidos en un orbe de carreras y expectativas de muy difícil cumplimiento.

Sí, buena parte de los humanos vivimos en un mundo del mañana, esperando que nos toque la lotería mientras arrastramos un pasado que soñamos que fue mejor, todo ello sin fijarnos en el presente, en el aquí y el ahora, en este preciso momento en el que, sin darnos cuenta, no necesitamos nada y somos los más ricos y los más felices del universo, porque lo tenemos absolutamente todo.

"Apura pronto el trago amargo, para que venga el trago dulce", se nos dice para que tengamos un poco de esperanza de cara al futuro, solo un poco, porque demasiada esperanza nos puede hacer indolentes y poco productivos, pero más a menudo de lo que parece ese trago dulce nunca llega.

"Ten paciencia, que todo llegará", pero no siempre todo llega, sino que se queda en el camino y produce nervios, estrés, insatisfacción, tendencia al conformismo y hasta depresiones profundas, las cuales el mindfulness[1] ha podido superar en varios casos con la simple toma de consciencia de uno mismo de forma clara y plena.

Tener plena consciencia (mindfulness) de lo que se es y de lo que se hace debería ser el pan de todos los días, sin embargo, es algo que olvidamos fácilmente, pues son muchas las distracciones a las que nos enfrentamos cotidianamente, y que incluso buscamos para escapar de la rutina y alejarnos de los demás y hasta de nosotros mismos, con lo que acumulamos una serie de vacíos en nuestra alma y en nuestros pensamientos.

Roger Marcos, con su habitual sentido práctico y pragmático, nos propone recuperar esa consciencia y aplicarla a la vida diaria, lo que redundará en beneficio propio y en el de los que nos rodean, en todos y cada uno de los planos de la existencia, empezando por aceptar la máxima budista de "todo lugar es aquí y todo momento es

---

1 Nota del editor: Aunque la palabra mindfulness es un anglicismo que, actualmente, no tiene traducción al castellano, al ser un término ampliamente conocido y de uso cotidiano, y por comodidad en la lectura, no estará en itálicas en el libro.

ahora", que es el inicio de toda liberación y toma de consciencia.

"No esperes a mañana ni te ancles al pasado para ser rico y feliz, sé rico y feliz ahora mismo, en este preciso instante, porque no hay más".

DR. TAPIA

Introducción
Consciencia y conciencia

Para tener conciencia
solo se necesita sentir,
pero para ser consciente
además de sentir
hace falta la mente.

Detente un momento y respira.

Siente cómo pasa el aire por la nariz.

Percibe el aire en tus pulmones.

Recibe el inspirar, que es fuente de vida y llega a todo tu cuerpo.

Aire limpio, fresco o cálido que te da la vida.

Detente un momento y piensa en este momento, en el aquí y en el ahora, en nada más.

Detente un momento y olvida todo lo demás, solo tú y el universo.

Detente un momento y medita, olvida todo lo aprendido y sé uno con la naturaleza.

Detente un momento y reflexiona.

Olvida incluso las palabras, los conceptos, las ideas, céntrate en ti y solo en ti.

Recorre tu ser y tu estar.

Sé consciente de ti mismo y de nada ni de nadie más.

Respira y relájate.

Toda tu vida y toda tu existencia es solo este eterno momento, lo demás no importa nada.

Estas son las premisas de la plena consciencia. La conciencia es otra cosa.

Todos los seres vivos son *"concientes[2]"*, y quizá también conscientes.

La conciencia es saber distinguir entre el bien y el mal, entre lo que nos duele y lo que nos causa placer, lo que nos conviene y lo que no nos conviene, lo que nos atrae y lo que nos rechaza.

La conciencia no es fija, cambia, muda en sus intereses y a veces miente o nos lleva precisamente hacia lo prohibido, lo tenebroso, a la atracción del vacío, al temor y al sufrimiento, al placer del dolor, a hacer daño a los demás y a nosotros mismos en una falsa rebeldía.

Por su parte, la consciencia es saber, comprender, entender, darse cuenta, y no tiene ambivalencia alguna, no cambia, se enriquece.

La consciencia es lucidez, sin trampas ni distracciones, es en sí misma plena y auténtica, y la pretensión de este libro es llegar a ella, sin dejar por ello de saber dónde estamos y quiénes somos en el mundo social, del que es muy difícil de escapar.

Hay ejercicios sencillos y prácticos para entrar en el camino de la plena consciencia, como veremos en el capítulo VII, que se pueden realizar en grupo o individualmente, en la oficina donde se trabaja, en un templo y hasta en un campo de batalla, antes de hacer una compra o de realizar una venta, porque con la plena consciencia no hay posibilidad de fallar, sea cual sea el resultado.

---

2   Nota del editor: Aunque la palara "conciente" no existe en el castellano, el autor la emplea para diferenciar los conceptos de conciencia y consciencia, por tanto, se mantendrá su uso en el libro.

Escapar del mundo no es la finalidad del mindfulness, como plantean algunos gurús de la modernidad; tampoco lo es el triunfo a costa de otros ni la riqueza a mansalva que ata más que una melodramática vida o serie de televisión, sino el triunfo sobre uno mismo y sobre aquello para lo que se ha sido programado desde su más tierna infancia.

Las doctrinas o lo doctrinario tampoco están en su agenda, sino el darse cuenta de lo que es uno mismo y el mundo que habita.

Por tanto, el mindfulness no debe ser sectario ni beneficio de unos cuantos para sentirse superiores al resto de la humanidad.

Somos todo y parte del multiverso.

Nadie es mejor que nadie en este mundo, por mucho dinero, talento o intelecto que tenga, ya que todos somos humanos y cojeamos del mismo pie: nuestras emociones y nuestras limitaciones físicas y mentales.

El más sabio de los seres humanos puede ser una verdadera calamidad para los suyos, y caer en todo tipo de excesos y de maldades sin que su talento o sus obras se resientan, lo mismo que el más cruel y sádico de los tiranos puede ser un dulce con sus mascotas; nadie está exento de las virtudes y los defectos humanos. Por tanto, el tema no es ser perfectos y superiores, sino darse cuenta de lo que es la vida y de la gente, que formamos parte de ella, porque todos y cada uno de nosotros formamos parte de la naturaleza y del inconmensurable multiverso.

Por tanto, el mindfulness se puede enseñar a soldados, vendedores, potentados y artistas tanto como a gente común y corriente, porque todos tenemos prejuicios y distractores que nos apartan de la lucidez y de la plena consciencia.

Todos respiramos, por tanto, todos podemos aprender a respirar.

No se debe juzgar a los demás, y tampoco se debe juzgar a uno mismo.

ROGER MARCOS

I
¿QUÉ ES EL MINDFULNESS?

Caminé con el hombre
que tiene doble sombra,
y una de esas sombras
era yo.

Pero, entonces ¿qué es exactamente el mindfulness?

Como terapia occidental el mindfulness es muy joven, y como práctica hinduista es muy antiguo, más antiguo que el budismo, por lo que hay diversas y diferentes escuelas que lo practican, definiéndolo cada una como mejor lo entiende o le parece, desde lo más práctico y cotidiano hasta lo más espiritual.

Por tanto, cada terapeuta, gurú, santón, profeta o psicólogo lo define e interpreta desde su propio punto de vista, y lo hace según su profesión o su propia manera de vivirlo y entenderlo.

Su definición más común es: "consciencia que surge al prestar atención, con el propósito enfocado en el momento presente, y sin juzgar a nada ni a nadie".

Para empezar, hay que decir que en sus principios el mindfulness, la plena consciencia, poco tenía que ver con las técnicas orientales como las conocemos hoy en día, por mucho que hubiera una lejana influencia del budismo practicado en Ceylán en el siglo XIX, gracias a un magistrado inglés llamado Thomas Williams, que difundió la atención plena de los monjes budistas para occidente.

La acogida de la meditación como acción de la plena consciencia no tuvo mucho éxito en Inglaterra por aquel entonces, pues muchos la miraban con recelo y la tenían como un exotismo más, e incluso como algo sectario, propio de farsantes y aventureros, por lo que no fue sino hasta 1970 que empezó a tener auge de la mano de un terapeuta, Jon Kabat-Zinn, quien comenzó a utilizar la plena consciencia para paliar los estragos del estrés y la depresión, los nuevos males neurológicos que aparecieron tras la segunda guerra mundial, tanto por los traumas como por las exigencias de triunfo, amor, pareja, familia, riqueza y felicidad de las sociedades modernas, donde a menudo tenerlo todo y cumplir con todo no sirve de nada y orilla a la soledad y al desconsuelo.

Los vacíos existenciales se multiplican y el ser se siente fuera de lugar en este mundo, al que observa con desgano y frustración, y no encuentra salida a sus problemas internos aunque grite y se desgañite, o aunque la puerta permanezca abierta para que escape del pozo sin fondo en el que se encuentra.

"¿Por qué me siento mal si todo lo hago bien?" es una de las preguntas recurrentes en personas deprimidas.

"¿Cuál es el sentido de la vida, por qué o para qué hago todo lo que hago?"

"¿Tiene sentido o significado la vida, o no lo tiene ni tiene por qué tenerlo en absoluto?"

Mientras dios fue durante milenios el final de todo cuestionamiento, las depresiones eran más llevaderas, pues se debían a la voluntad de dios, pero a medida que las divinidades perdieron peso entre las personas de medio mundo, se buscaron otras respuestas para ese grito interior desolado.

El mindfulness, entre otras terapias de corte budista donde no hay divinidades que sean la última respuesta para todo lo insondable, se fue consolidando en occidente con cierto éxito.

El yoga en todas sus disciplinas, así como el Vipassana, la meditación y la aceptación de lo que no se puede cambiar ni controlar, pero sí manejar y verlo todo desde otra perspectiva, recaen en el mindfulness que conocemos actualmente por medio de los libros, la prensa y las redes sociales.

El grito de Münch.

Los ejercicios que propone el mindfulness son sencillos y se pueden realizar en grupo o individualmente: respirar, meditar, relajarse y no juzgar; y han dado frutos insospechados, capaces de paliar e incluso apagar ese grito interior desesperado.

Gracias a su funcionamiento positivo, el mindfulness no tardó en extenderse por todo occidente en todo tipo de ramas, desde las sanas y positivas hasta las sectarias, con sus fraudes y charlatanerías tan comunes a cientos de creencias más o menos esotéricas.

Por supuesto, varias ramas de la psicología también se han sumado a la moda del mindfulness con mayor o menor éxito, ya que ofrece a sus pacientes la plena atención, pero sin salirse del mundo cotidiano y sus normas, sino para recuperarlo y devolver a las personas a la normalidad, con lo que a menudo los problemas materiales y emocionales no desaparecen del todo.

ACEPTACIÓN

Uno de los pilares del mindfulness es la aceptación del mundo tal cual es y no de la manera que quisiéramos que fuera.

En este sentido se parece al estoicismo, pero sin llegar a la sumisión de Epicteto, ya que si bien se aceptan las cosas tal y como son, no instiga a padecer más de la cuenta, sino que propone mejorar personalmente para de esta manera influir sobre el contexto y mejorar, de paso, a lo que nos rodea.

Las grandes religiones siempre han apostado por la aceptación, sobre todo en lo que respecta al orden de las jerarquías, e incluso aconsejan no juzgar el estado de las cosas, pero también prohíben la rebelión y la desobediencia, con lo que la aceptación se convierte en un cheque en blanco para los poderosos y en una forma de mantener las estructuras donde el pobre acepta ser pobre y obedecer y hasta admirar a los jefes, sacerdotes y reyes, por más que lo que le ordenen sea abusivo y lo mantenga hundido en la miseria.

El mindfulness, sobre todo el enfocado a grupos de ejecutivos, acepta el mundo tal como es, pero incentiva a sus seguidores a que lo mejoren y a conseguir sus metas personales y colectivas.

No juzgar

Otro de sus pilares es no juzgar, ni el estado de las cosas ni al vecino ni al gobierno, y mucho menos a uno mismo.

Juzgar a los demás, un vicio o una debilidad.

No juzgar, pero sí actuar positivamente en consecuencia, y si algo no funciona, hacer que funcione.

Se pueden señalar los errores prácticos y obvios cuando algo no funciona, pero no se debe hacer escarnio de las personas que los cometen.

Por ejemplo, si no puedes dormir por padecer insomnio o tener demasiadas preocupaciones, no es cuestión de culpar a nadie ni echarse la culpa a uno mismo, buscando razones y defectos por los que no se duerme, sino de centrar el pensamiento en el arte de dormir, respirando, relajándose y meditando, dejando que el cuerpo busque por sí mismo el mundo de los sueños.

Juzgar a los demás es inútil, porque no se soluciona nada con juzgarlos y les entregamos un poder sobre nosotros, pues al prestarles atención dejamos de prestarnos atención a nosotros mismos, y sus bienes y sus males nos contaminan por más que nos arroguemos una superioridad moral al juzgarlos.

Cuídate y quiérete más que a nada ni a nadie en este mundo.

RESPIRAR

Una de las mejores formas de tener plena consciencia de que estamos en este lugar y en este preciso momento es respirar y darnos cuenta de que estamos respirando.

Es curioso, pero generalmente no somos conscientes de que respiramos, y nos olvidamos de nosotros mismos con una facilidad pasmosa.

Nuestro cuerpo, que a veces es más sabio que nosotros, respira sin que seamos conscientes de que lo hace. De hecho, realiza miles de funciones de las que no tenemos ni el más mínimo conocimiento y mucho menos consciencia.

Todo nuestro sistema nervioso parasimpático funciona al margen de nuestros conocimientos, y si bien la medicina y la neurología han avanzado mucho en el último siglo, seguimos desconociendo el grueso de sus funciones.

Cuando estamos felices y contentos rara vez nos damos cuenta de que tenemos un alma sensible y un cuerpo sensitivo, y solo nos damos cuenta de nosotros mismos cuando algo nos duele, nos falta o nos hace daño de una manera palpable, porque a las enfermedades silenciosas no las percibimos hasta que es demasiado tarde, y el ser consciente ayuda a prevenirlas.

Si somos conscientes de nuestra propia respiración, abrimos las puertas a la consciencia del resto del organismo.

El aire, o prana, es vida, y ser conscientes de su paso por nuestro cuerpo mejora nuestra salud y nos mantiene despiertos.

Respirar es vivir.

El primer aliento de vida es el aire que respiramos, el mismo que durante nueve meses nos suministra nuestra madre, pero al darnos a luz nos libera y nos introduce físicamente en este mundo y en este universo con la primera respiración, la cual deberíamos mantener presente de manera consciente siempre, en lugar de dejar que el cuerpo se encargue de ella sin que nos demos cuenta.

PENSAR

Muchas veces tenemos la mente embotada, llena de cosas, preocupaciones de dinero, trabajo, amor, familia, vecinos, compañeros, miedos, pleitos, conflictos, inseguridades y una que otra idea de cambio, mejora, aventura y hasta noticias, novelas y series de televisión, y, sin embargo, no estamos pensando sino, como dicen los españoles, "comiéndonos la cabeza".

Nos obsesionamos, y le damos mil vueltas a un mismo tema, tanto que no podemos dormir, incluso si la angustia es del todo intrascendente.

Un desacuerdo con la pareja, con un familiar o con un conocido de las redes sociales nos lleva a menudo a molestarnos, obsesionarnos, a estresarnos y hasta a deprimirnos, cuando no a la ira y a la respuesta obsesiva y violenta, entrando en un bucle de ofensas y violencias que nos enferman y nos quitan el placer de vivir y el sueño.

Cuando entramos en conflicto con otro ser humano, puede crearse una espiral de odios que no le hacen bien a nadie.

A veces nos provocan y a veces somos nosotros los que provocamos.

Las ideologías, el partidismo y las creencias religiosas nos llevan a menudo a discusiones sin fin, y una vez fallado el proselitismo, o el convencer al otro de nuestra forma de ver las cosas, el conflicto hace acto de presencia.

Creemos que pensamos y que tenemos la razón, cuando no estamos pensando para nada, sino compitiendo en terrenos y temas que no tienen solución, y hasta podemos actuar de mala fe y burlarnos, o insistir en el tema ya no para ganar, sino para herir al otro.

Pensar, desde el punto de vista del mindfulness, es otra cosa.

En las escuelas y en las universidades rara vez nos enseñan a pensar, aunque hay sus excepciones, sino a repetir lo que se da por cierto.

"Caminar sobre hombros de gigantes", o de genios que parecieron tener la razón en alguna ciencia o tema, nos lleva a creer que lo que dijeron o escribieron es del todo cierto y no requiere ser evaluado, analizado o rebatido, y se castiga a quienes se atrevan a hacerlo con una menor nota o con la burla del profesor y de sus compañeros.

La verdad es que no hay gigantes, porque no conoceríamos a ninguno de los grandes hombres de la ciencia, las artes o la historia si no se les hubiera dado la conveniente publicidad.

Lo que no se dice no existe, y todo aquello que no es publicitado, publicado y ponderado simplemente pasa desapercibido.

Nikola Tesla ha sido rescatado del olvido y se han creado todo tipo de mitos a su alrededor, cuando en realidad todos los que se dedicaron alguna vez a la ingeniería industrial o electrónica conocían los componentes que llevaba su patente, pero no se hacían una película dramática sobre su vida.

Quizá no ganó tanto como otros en su lugar, pero su genio práctico dentro de la ciencia, y no de la fama personal, era conocido por muchos, y si bien Edison se aprovechó de ese genio, no fue por caminar sobre sus hombros, sino por ser más hábil para las patentes y tener pocos escrúpulos en eso de dar prestigio al que lo merece.

Edison sí fue publicitado, y mucho, porque era conveniente comercialmente, mientras que a Tesla no le interesaba la fama ni el dinero.

Que te interesen la fama o el dinero, nos dice el mindfulness, no es ni bueno ni malo, sino una proyección personal que puedes conseguir siendo consciente de ello y centrando tus actos y tus pensamientos en conseguirlo.

Pensar es un proceso cognitivo que está al alcance de todos, pero que pocos practican porque es más cómodo y fácil creer que pensar.

Pensar no duele ni deprime, lo que duele y deprime es crearse falsas expectativas sobre la vida.

La lucidez del pensamiento centrado y concentrado en un punto determinado no le hace daño a nadie, sino que puede liberarle de muchas tensiones, errores y falsas expectativas, así como de prejuicios e ideas preconcebidas típicas, tópicas y estereotipadas; y no es que el mundo en sí sea un engaño perpetrado por los jerarcas de este planeta, sino porque es una forma de acomodo social como la que tienen muchos otros animales de este planeta, donde el líder se encarga de mandar y de proteger a los gregarios a cambio de su sumisión, que tampoco es buena ni mala, sino una forma funcional de comportamiento.

El lomo plateado es el que manda.

Nuestros "lomos plateados" no parecen ser lo mejor del mundo ni estar especialmente preparados para dirigir y para gobernar a los demás, pero cuentan con la anuencia y la sumisión de sus gobernados en un alto tanto por ciento, y solo cambian cuando otro "lomo plateado" les arrebata el poder.

Tampoco piensan mejor que el resto, pues generalmente se deben a sus propios errores y defectos de lo más humano, como son la envidia, el ego, la vanidad y las ansias de poder, ya que por lo demás son como cualquier persona que nace, vive, sufre, goza y finalmente muere, sin necesidad de buscar o de ejercer el pensamiento.

Por supuesto que las cosas pueden cambiar, y mucho, pero como dice el Dr. Tapia, "mientras haya quien mande y quien obedezca, mientras el ser humano necesite ser gobernado, no habrá verdadero progreso y seguiremos siendo hijos de la naturaleza".

Pero vale la pena pensar en ello: ¿Cómo puede ser y gobernarse el mundo? De mil maneras, sería la respuesta, algunas de ellas insospechadas y muy superiores a las conocidas.

Dicen que la democracia es la mejor, al menos de momento, como forma de gobierno, y que es perfectible a la vista de sus fallos, y, sin embargo, ni las tiranías ni las monarquías han desaparecido del todo, con falsas democracias en donde el poder no se comparte nunca ni se cuenta con el pueblo, sino que es hereditario, y los políticos que gobiernan son siempre los mismos por mucho que cambien de partido o de piel de lobo para aparentar ser corderos.

En ciencias políticas se señala que el votante, por regla general, no piensa, ni analiza las cuentas y la realidad, sino que elige con las emociones y las ilusiones, no con el razonamiento, y es capaz de elegir al peor y violento criminal, simplemente porque se siente identificado y no porque piense que puede ser un buen elemento que solucione los problemas sociopolíticos y económicos propios o ajenos.

Cuentan que Borges dijo alguna vez que la democracia "era el error de las masas y que eso nos obligaba a ser gobernados por el capricho de la chusma, que no piensa, no sabe elegir ni una camisa y no vale para otra cosa que no sea la estulticia, la esclavitud y la servidumbre", lo que tal vez sea verdad, pero por lo que fue muy criticado y señalado de apoyar el régimen militar que gobernaba entonces a sangre, robo, oprobio y fuego al pueblo argentino.

Ese comentario pudo haberle costado el Premio Nobel de literatura, que como escritor lo tenía bien merecido.

"La verdad, dicha sin empatía, suele ser cruel y ofensiva".

Pensar antes de hablar, y no hablar antes de pensar.

La mente, y por lo tanto el pensamiento, no distingue generalmente entre la verdad y la mentira, y se ciñe más a lo que cree o le han enseñado que a la razón o el raciocinio.

Ni el más sabio de la humanidad está exento de los sesgos cognitivos del pensamiento, incluso cuando se trata de ciencias no factuales, como las ciencias naturales o sociales, e incluso la astronomía y la cuántica a menudo son más especulaciones que realidades.

Newton creía que el tiempo era constante.

Einstein puso sobre la mesa la relatividad del tiempo, pero creyó que la velocidad de la luz era una constante.

La física cuántica ahora cuestiona esa constante por el comportamiento de las partículas y subpartículas, que van más rápido que la luz.

Tal parece que los límites del pensamiento humano conforman sus ideas y creencias a las que se llama ciencia.

No se debe despreciar a la ciencia, por supuesto, ya que a ella se le deben muchos avances, pero tampoco se le puede tomar como creencia fija e inmutable, sino seguir investigando, analizando, comprobando y meditando.

Las funciones del cerebro se pueden medir en ondas, y hasta se pueden localizar algunas de sus funciones, como las de la pituitaria y las del córtex primitivo, pero en algunos casos de accidente que conlleva perder parte del cerebro, muchas de estas funciones se reacomodan.

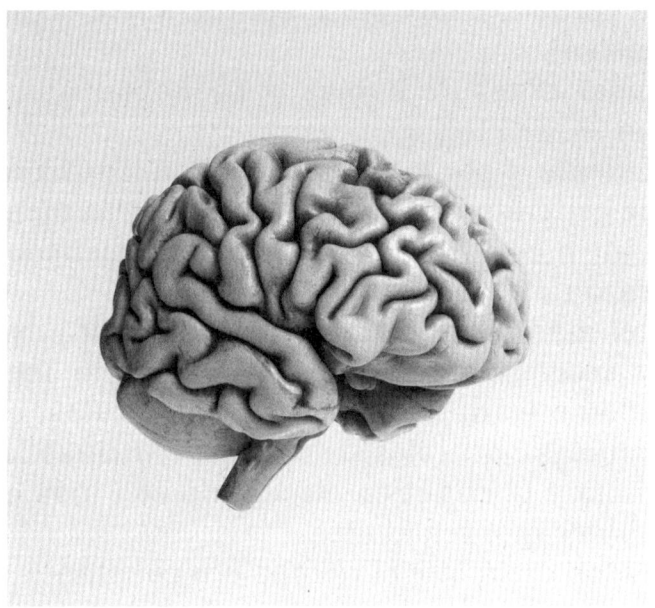

El cerebro reacomoda sus funciones.

Las lesiones en los hemisferios han demostrado que la persona no deja de ser creativa ni deja de saber sumar al perder uno de ellos.

Un pensamiento centrado en un objetivo claro y determinado en cualquier cerebro hace "magia" al transformar la realidad del sujeto que piensa con plena atención.

El mundo es como es y hay que aceptarlo, pero eso no impide que cada persona construya su propia realidad objetiva, sin caer en los extremos del relativismo a mansalva.

26

El mindfulness apuesta por la consciencia plena en cualquier plano de la vida, y es positivo tanto para quien busca una liberación espiritual como para quien desea ascender en el trabajo o mejorar su productividad.

Y sí, la consciencia plena puede llevarnos a darnos cuenta objetivamente de que todo en esta vida, más que un engaño deliberado, es una ilusión, una creencia a la que le damos forma objetiva mediante la limitación de nuestros sentidos; de la misma manera que puede elevarnos espiritualmente o hacer que logremos los triunfos materiales y sociales tan ansiados.

MEDITAR

Las definiciones de lo que es meditar están circunscritas a la fuente que las propone:

- Estado de conciencia o de consciencia alterado.

- Relajación.

- Poner la mente en blanco.

- Poner la mente en algo concreto, o poner la mente en el acto de meditar, sin puntos concretos.

- Alcanzar un estado espiritual y trascendente, lejos de las ataduras y de la realidad aparente.

- Pensar profundamente.

- Desprender los cuerpos emocionales, físicos y mentales del cuerpo astral o espiritual.

- Activar la imaginación en campos a los que la mente y el pensamiento no llegan habitualmente.

- Tomar consciencia.

- Tener una epifanía o revelación.

- Acceder a otras dimensiones o a otras realidades.

- Despertar a la verdadera realidad.

- Liberarse de las ataduras mundanas.

- Ser parte de la naturaleza o del universo.

- Sanar la mente y el cuerpo con el pensamiento.

- Darse cuenta.

La meditación se caracteriza normalmente por tener algunos de estos rasgos:

- Un estado de concentración sobre la realidad del momento presente.

- Focalizar un momento, tema o asunto que se quiera superar, al analizarlo y verlo desde otras perspectivas.

- Un estado experimentado cuando la mente se

disuelve y es libre de sus propios pensamientos, dejando las preocupaciones y las emociones fuera de la meditación para que no interfieran con el pensamiento puro.

- Una concentración en la cual la atención es liberada de su actividad común y es focalizada en divinidades o entidades espirituales.

- Una focalización de la mente en un único objeto de percepción como, por ejemplo, la misma respiración, o la recitación constante de un vocablo o de una sucesión de ellos, como rezar, orar o repetir un mantra que le dé energía a la propia meditación.

- Borrar la realidad circundante y acceder a otras dimensiones o esferas.

El arte de meditar.

Las técnicas para lograrlo son muy variadas, desde las orientales y el yoga hasta las occidentales, con el común denominador de la respiración consciente.

Se pueden realizar en grupo y guiadas por una maestra o gurú, o de manera individual, sin más guía que el propio pensamiento, con un objetivo común o con un objetivo particular, dentro de un plano material o emocional y de la vida común, o en planos espirituales y de orden trascendente.

Algunas de ellas pueden ser complejas o complicadas, y otras ser del todo sencillas y aptas para la mayoría.

Pueden ser religiosas o mundanas, emocionales o racionales, dedicadas a la salud o a conseguir una liberación o un logro personal.

En el siguiente capítulo veremos lo que nos propone el Vipassana al respecto.

CONGRUENCIA

Por supuesto, no basta con aceptar, respirar, pensar y meditar, porque es necesario que las acciones de nuestra vida diaria sean congruentes.

No para cambiar al mundo entero, pero sí para cambiar y mejorar de forma personal, activa y positivamente.

Las decisiones que tomemos en nuestra vida diaria tienen que ser afines con nuestra claridad mental y con nuestras meditaciones.

La elecciones, el trabajo, los amores y las metas deben ser congruentes, porque de nada sirve meditar perfectamente para después actuar de forma desordenada, ni limpiar la mente unos minutos para ensuciarla el resto de la jornada y de la noche.

Tener consciencia clara y una actitud atenta no debe ser como ir a misa o al templo, darse golpes de pecho y pedir perdón por los pecados, sino una constante de actitud y comportamiento.

No se trata de ser santo y puro, sino de ser congruente y actuar en consecuencia con nuestros pensamientos, abiertos y centrados en un plano de la vida o en la existencia eterna.

Ni en el Vipassana clásico ni en el mindfulness moderno suele haber pecados que castiguen al infractor, sino consciencia plena para superar y mejorar al mundo que nos rodea, y de paso mejorarnos a nosotros mismos, y viceversa.

SOLUCIÓN FINAL

Querían salvar al mundo
después de haberlo estropeado,
pero no pudieron,
a pesar de todas
las buenas acciones
y buenoides intenciones,
no lo lograron.

Eran una terrible especie invasiva,
y sin quererlo, o queriendo,
destruían todo
lo que estaba a su paso.

La única y última solución
que adoptaron,
conscientes ya de su eterno fracaso,
fue rápida y sencilla:

en masa se suicidaron
y sus despojos sirvieron
para reparar lentamente el daño.

¡Pobres termitas!
Así fue como acabaron...

FÁBULA VÉDICA

La congruencia, en algunos casos, puede ser desoladora, pero necesaria, para no llegar a otros extremos menos gratos. La plena consciencia siempre nos ayuda a solventar problemas que parecen sin solución.

TEMOR AL CAMBIO

No todas las escuelas de mindfulness promueven cambios radicales en la persona, su vida o su comportamiento, pero se puede decir que todas promueven un cambio generalmente positivo y para mejorar.

Dejar el área de confort —algo que no siempre es fácil cuando la seguridad prima sobre otras cuestiones— es una de las indicaciones generales del mindfulness.

Muchas de sus consignas son:

- Atreverse a cambiar.

- Dar el salto.

- Dejar todo atrás.

- Renunciar al amor, la familia, la compañía, las enseñanzas previas.

- Borrarlo todo y empezar de nuevo.

- Olvidarse para siempre del ayer.

- No pretender nada del futuro.

- Centrarse en el hoy de manera exclusiva.

- Sacudirse todas las emociones, sobre todo las negativas.

- Romper con el pasado y renunciar al futuro.

- Renunciar a todo y comenzar de nuevo.

No faltan ejemplos de potentados y dirigentes empresariales (CEO) que se han pasado a la vida de campo, renunciando a su vida profesional, ni los que han renunciado a la fama, a la pareja, a la familia, a la patria y hasta al nombre propio para crearse una nueva vida centrada en la libertad y en el presente, si bien es cierto que algunos de estos ejemplos detrás esconden una realidad sectaria, con normas muy estrictas o descabelladas para el mundo en el que vivimos el grueso de la humanidad.

Por supuesto que no hay que temer a los cambios, pues la misma vida puede encargarse de proporcionarlos, algunas veces de manera terrible y dolorosa por circunstancias como la guerra, la migración obligada, un desastre natural o un funesto accidente.

Ser traicionados o engañados precisamente por la persona, o las personas, en las que se confiaba a ciegas, puede obligarnos a cambiar de vida y de ambiente.

Lo que se va perdiendo en el camino de la existencia, como la salud o los afectos, a menudo nos lleva a caminos y situaciones que no imaginamos ni esperamos que pudieran sucedernos precisamente a nosotros.

En el pasado siglo XX buena parte del mindfulness se dedicó a tratar los traumas de los veteranos de guerra, pues sus vidas, tras las experiencias de sangre, dolor, ausencia y pérdida de valores, partes del cuerpo, amigos, familia y hasta el apoyo de los gobiernos implicados, los colocaba en una nueva situación vital, un cambio casi siempre doloroso, cruel, injusto e inesperado, un cambio para el que no estaban preparados y que había que aceptar y tratar de sacar lo mejor de esas experiencias negativas.

Cambiar del todo y de manera radical no siempre es lo mejor, por eso en la actualidad buena parte del mindfulness se dedica al progreso y la mejora de la persona, en lugar de orillarla a hacer un cambio radical que trastorne su vida.

Para las grandes religiones, los cambios radicales y la renuncia a todo para sumarse a un culto o a una creencia espiritual no son nada nuevo, pues sus monjes, sacerdotes, monjas y hasta seguidores numerarios suelen renunciar al mundo, demonio y carne para entregarse del todo a su fe.

Sectas grandes y pequeñas hacen lo mismo con sus seguidores, a los que les ofrecen cielos y nirvanas inexistentes a cambio de sus pertenencias materiales y su renuncia a la familia y a cualquier relación con el mundo real.

INDIVIDUAL O EN GRUPO

¿El ser humano es carne de secta?

Probablemente, por eso se recomienda en muchos casos practicar la meditación o la consciencia plena de forma individual y con un objetivo claro: la iluminación por sí mismo y para uno mismo, con los cambios que interesen al practicante y no a un grupo o a un maestro determinados.

El Vipassana laico y budista así lo recomienda.

Si los esclavos están contentos con su trabajo, y los guerreros están contentos con su labor de morir y matar, le dijo Krishna a Arjuna tras una cruenta batalla, ¡por qué los quieres cambiar!

Arjuna, al ver la felicidad de su pueblo, a pesar del hambre y la guerra, lo entendió todo, y dio gracias a Krishna por su consuelo y sabio consejo.

ACTITUD

Uno de los aspectos básicos del mindfulness es la actitud, tanto, que para algunos autores la actitud lo es todo.

Una actitud sana y positiva es capaz de vencer todo tipo de obstáculos.

Una actitud sana y positiva abre la mente.

Una actitud sana y positiva supera las penas y los sufrimientos.

Una actitud sana y positiva ayuda a tu entorno, a los que te rodean y, sobre todo, a ti mismo.

Una actitud sana y positiva comienza con la mente clara de una sonrisa afable y sincera: sonríe siempre.

La sonrisa abre puertas y cierra tempestades.

La sonrisa limpia el alma y sana la mente.

Una actitud positiva y sonrisa van de la mano siempre.

La vida reparte las cartas, pero tú decides cómo jugar tu partida.

El mal humor es incómodo, molesto y hasta pesado y doloroso.

A quien le gusta estar de mal humor lo hace a la espera de una sonrisa.

Sonríe a los demás, pero sonríete a ti mismo primero.

Ensaya el amor propio con una sonrisa frente al espejo, seguro que tienes una hermosa y simpática sonrisa.

El valioso poder de la sonrisa.

Quererse a uno mismo es el inicio de una larga y profunda amistad.

Ser positivo elimina la negatividad.

No dejes que un momento de duda te suma en un abismo eterno de dolor.

A veces falta solo un segundo para echar a perder toda una vida, de la misma manera que a veces solo hace falta una sonrisa para salvar al alma del error y del horror.

El camino que eliges es el que vas a transitar, no otro, así que procura escoger el camino más agradable y positivo.

Recuerda que hasta el demonio dejó de ser demonio el día que tropezó con su propia cola y sonrió.

La vida es una larga y hermosa sonrisa, y de ella nace la mejor de las actitudes, que es la actitud del amor y la aceptación.

II
PENSAR, REFLEXIONAR, MEDITAR, EL ARTE DEL VIPASSANA

Ver las cosas de la manera
en que realmente son,
y no de otra forma,
eleva el espíritu
y libera el alma.
BUDA

El Vipassana es el arte de vivir en armonía con el todo, desde lo más alto hasta lo más bajo, desde lo más superficial hasta lo más profundo, una técnica hindú milenaria que ha pasado por lo religioso y lo mundano que el Bodhidharma, Buda, rescató y le dio su forma laica, es decir, sin dioses.

Como la vida y la muerte, el Vipassana es un estado de consciencia lúcido que abre las puertas a la verdadera realidad del ser humano y del universo entero.

Para algunas escuelas que siguen las tradiciones budistas, el Vipassana es "un sendero de autotransformación mediante la autoobservación. Se concentra en la profunda interconexión entre mente y cuerpo, la cual puede ser experimentada de manera directa por medio de la atención disciplinada dirigida a las sensaciones físicas que forman la vida del cuerpo, y que continuamente se interconectan con la vida de la mente y la condicionan. Es este viaje de autoexploración a las raíces comunes de cuerpo y mente, basado en la observación, lo que disuelve la impureza mental, produciendo una mente equilibrada, llena de amor y compasión".

Para otras, seguidoras igualmente del budismo, el Vipassana es vaciar la mente y superar las emociones y reacciones del cuerpo y del alma, incluyendo en estas la renuncia al amor y a la compasión, las cuales son tan ataduras al mundo maya o ilusorio, como lo pueden ser el dinero y el poder.

Renunciar absolutamente a todo para poder pensar con claridad, liberando de paso a la mente del resto de ideas y pensamientos.

La palabra Vipassana quiere decir precisamente eso: "ver las cosas como son".

Pero ¿cómo son las cosas en realidad?

Como las ve un grupo o como las ve un individuo.

Como las ve un religioso y creyente, o como las ve un ateo recalcitrante.

Como las veía Buda, o como las vieron sus seguidores y discípulos, o como las ve cada persona.

El microscopio nos ha enseñado a ver cosas que nunca se vieron en los tiempos de Buda.

El telescopio ha hecho lo mismo con las estrellas, y los telescopios más modernos incluso han desvelado distancias y estructuras nunca pensadas.

Lo que vemos, escuchamos, sentimos, degustamos, olemos y presentimos está limitado a nuestros sentidos, y aunque se pueden ampliar con la tecnología y esbozar con las matemáticas, e incluso con los sueños y la imaginación, la realidad profunda se nos escapa.

La visión clara de Buda.

Podemos especular y darle cuerpo a miles de teorías respecto a los que es la verdadera realidad, pero en el fondo no lo sabemos, solo lo suponemos.

Para algunos la última realidad es Dios, o Brahma o Olodumare; para otros la realidad en sí no es otra cosa que lo que vemos a simple vista.

No podemos ver los átomos ni los electrones a simple vista, y, sin embargo, sabemos, o creemos saber, que están ahí, y hasta hace muy poco se les ha podido fotografiar: durante milenios fueron solo una idea.

Todavía nos llevará un tiempo saber si acertamos o no en la visión que tenemos de las partículas y las subpartículas, aunque es posible que estemos tan equivocados como cuando se pensaba que las estrellas formaban constelaciones, pues así se veían en el firmamento, juntas y en grupo.

¿Cuál es la realidad entonces?

También sabemos que la tierra es esférica, ni redonda y plana ni cuadrada, sino una pelota, un globo en tres dimensiones, pues así se ha calculado desde Eratóstenes hasta nuestros días, con simple trigonometría y geometría, pero no podemos verlo para certificarlo.

En unas creencias acertamos, y en otras fallamos.

¿CREENCIAS O PENSAMIENTOS?

Las creencias, aunque a veces fallen del todo, han sido una buena herramienta para pensar y crear el mundo en el que vivimos, e incluso para hacer patria, comunidad y hasta artes y ciencias.

Las creencias, incluso las religiosas, son muy funcionales para el ser humano que vive en grupo o en sociedad.

El mundo y la naturaleza tienen una realidad no supeditada a los seres humanos, pues no necesitan de la humanidad para existir.

Los seres humanos son parte de esa realidad, aunque no son necesarios para que esa realidad exista.

Antes de las ideas relativistas que dicen que si un árbol cae no hace falta humano alguno para escuchar el ruido que hace al caer, el Vipassana ya era consciente de la eventualidad de la especie humana, demasiado joven y sin la seguridad de que va a seguir existiendo mañana o dentro algunos miles de años, por lo que de momento es eventual y está de paso por este planeta, como tantas otras especies que han existido.

El ser humano, rey del mundo.

El hombre es el rey del mundo, según el mismo hombre, en una tautología que se muerde la cola a sí misma porque no tiene a nadie que la discuta.

El narcisismo humano, sobre todo el occidental, ha pensado durante siglos que el hombre es el rey de la creación, y que todo lo que hay en el mundo le pertenece y puede usarlo y explotarlo tanto como quiera.

La serpiente que se come a sí misma.

El rey del mundo.
El dueño de todo.
Lo elevado y sagrado.
Elegido de los dioses para domeñar al mundo.
Nadie como él.
Creado para ser la cúspide.
Diferente a los animales y a las plantas que lo acompañan.
Todos deben postrarse ante su presencia.
"Los seres humanos no somos animales, somos superiores a todos ellos", se ha escrito en los textos religiosos y se ha avalado por la ciencia.

Hoy existe mucha gente piensa que no son inferiores, sino nuestros hermanos, siguiendo las huellas de las doctrinas hinduistas, donde la vaca es sagrada.

En las tierras africanas hay la creencia de que los monos son nuestros hermanos directos, y que comerlos es un acto indigno, casi canibalismo.

Mientras que en China todo lo que corre y vuela

es comestible, menos el dragón y algún otro animal mítico.

Ahora sabemos que los animales son simplemente diferentes en aspecto, pero astutos, sensibles, pensantes, organizados, valientes, y que además muchos de ellos tienen sentido del humor, que ríen y lloran, hacen bromas, crean trampas y una que otra herramienta; sin embargo, no entendemos del todo su lenguaje ni sabemos qué tan conscientes son o no son de sí mismos, y mucho menos si tienen dioses o supersticiones.

Los animales, como los hombres, aprenden de su entorno y evolucionan.

Los hay sociales y gregarios, como los humanos, e individualistas, como algunos de nosotros.

Las aves, a pesar de tener un cerebro muy pequeño, son tremendamente listas, sensibles e inteligentes, capaces de tejer nidos impresionantes y de mantener relaciones amorosas monógamas y duraderas, tras hermosos rituales de apareamiento, donde hacen verdaderos esfuerzos para conseguir a la pareja que desean.

Los animales, como nosotros, se enamoran, son fieles e infieles, leales y traicioneros, manipuladores y francos, celosos y posesivos, valerosos y cobardes, reactivos y analíticos, que se dejan llevar por sus emociones o bien que reflexionan antes de actuar y observan para no cometer errores pasados.

Sin embargo, les hemos dado la espalda frecuentemente, y los comemos o torturamos alegremente.

Entre ellos también hay asesinos crueles, y no son tan santos como señalan algunos, pero eso los hace más similares a nosotros.

La naturaleza puede ser cruel y destructiva, caprichosa y tramposa, y no requiere de nuestros servicios para salir adelante con sus terremotos, volcanes, incendios, inundaciones y cambios climáticos; es decir, puede acabar con la humanidad de un plumazo.

Lo sabemos, y a pesar de ello la explotamos, aunque esa explotación pueda acabar con nosotros.

Hay un mundo real que existe a pesar de nosotros.

Pero también hay un mundo y una realidad, casi siempre arbitraria, que nos hemos inventado los seres humanos, poniéndole nombre a todo a pesar de que un cerdo sabe perfectamente que no se llama cerdo; con los conceptos sucede algo similar, y nombramos a los calendarios, las fechas, los números, los pesos, las medidas y hasta a los fenómenos físicos y químicos como mejor nos parece, por no hablar de los conceptos religiosos, filosóficos o simplemente sociales.

La enseñanza, las doctrinas, las ideologías y muchas otras cosas pasan por el mismo racero humano, un racero que se difunde de generación en generación y se llega a tener como algo cierto e irrebatible, a pesar de que sean falsedades del todo absurdas y ridículas.

Creemos, y al creer creamos, unas veces bien y otras veces fuera de la realidad, pero nos funciona tanto que algunas veces pensamos que la realidad es la que nos hemos inventado, y que centrar el pensamiento en ella no es necesario, porque ya la damos por hecho.

Vipassana, en su forma tradicional y milenaria, pone en duda todo, y por eso apuesta en centrar

el pensamiento en algo más profundo y espiritual,
algo que normalmente no vemos y que se escapa
de todo aquello que creemos conocer y damos por
cierto:

VER LAS COSAS COMO SON

Las cosas no son como son,
pero pesan como si lo fueran,
el mundo es y no es ilusión
que tiene y no tiene fronteras,
arbitraria convención
que se dobla en la cartera
porque así lo quiso dios,
es decir, un personaje cualquiera
inventado al por mayor
para limar asperezas
con el no soy y el soy
en dudosa trascendencia,
una extraña sensación
o una cruel enredadera,
funcional como un reloj
al que todos le dan cuerda,
un refugio, una creación
de la mente vocinglera
que controla en proyección
la realidad y recrea
todo el mundo a su manera
aunque sea solo ilusión,
una ilusión dura y pétrea
que atrapa toda razón.

CANTO VÉDICO

Nada es lo que parece, y, sin embargo, es y

está, sobre todo cuando es aceptado por un grupo numeroso.

Lo social y lo emocional superan con creces a lo racional, y hasta le dan forma.

Vipassana, ver las cosas como son y no como aparentan ser, y mucho menos como otros, generalmente doctrinarios e interesados, que nos dicen lo que debemos creer o no creer, amar o no amar, admirar o denostar, y para ello se necesita dejar libre el pensamiento hasta de sí mismo, con ejercicios tan sencillos como respirar conscientemente, observar, dejar la mente en blanco y dejar volar a ese ser interno que conforma la otra parte de nuestras emociones y de nuestro cerebro. Sí, pensar renunciando a nuestros propios pensamientos.

III
TOMAR CONSCIENCIA DE SÍ MISMO

*Sabes perfectamente
quién eres y lo que eres,
pero no siempre quieres tener
la responsabilidad
de saberlo.*

BUDA

Para practicar la atención plena que propone el mindfulness se debe tener o tomar consciencia de uno mismo, y como nos dice el budismo, debemos saber lo que no somos:

- No somos el cuerpo.

- No somos la mente.

- No somos el alma.

- No somos un nombre.

- No somos una patria.

- No somos un grupo.

- No somos nuestras reacciones.

- No somos nuestras emociones.

- No somos nuestros sentimientos.

- No somos lo que estudiamos.

- No somos lo que creemos.

- No somos lo que pensamos.

- Ni siquiera somos del todo lo que ignoramos.

- Tampoco somos exactamente lo que hacemos.

La paradoja es que somos todo eso y mucho más, pues todo forma parte de nosotros de la misma forma que nosotros formamos parte del todo, o de absolutamente todo, incluso de aquello que no somos ni siquiera capaces de concebir ni de imaginar.

Somos, y tenemos consciencia de ser y de estar en este mundo y en este momento, pero no sabemos lo que somos.

La complejidad y la sencillez del universo nos ocupa y las ocupamos.

Somos.

Ser.

Y a pesar de los cambios personales, grupales y hasta universales, nunca dejamos de ser, porque el ser no tiene principio ni final, o, como dijo Buda, somos estados de consciencia.

Una meditación profunda puede revelarnos otras partes de nuestro ser en el universo, en otras dimensiones, en el mundo de los sueños, en el Monte del Parnaso donde se reúnen las musas.

Buena parte de lo que creemos saber y conocer se conforma de sueños, creencias e imaginaciones, que muy a menudo llegan a convertirse en realidad; las ciencias y las artes son la muestra palpable de ello.

La literatura de ciencia ficción, por ejemplo, ha dado lugar a grandes e importantes descubrimientos.

Viajar por el espacio fue un sueño, una fantasía y hasta una locura durante milenios, algo imposible debido a nuestras limitaciones físicas y mentales, y, sin embargo, ahora lo hacemos.

Hemos rendido a la naturaleza en varias campos, imaginando primero, pensando después y finalmente actuando y poniendo en práctica esos pensamientos.

Nos hemos dado nombre a nosotros mismos, y hemos llenado de números y cálculos nuestra ignorancia sobre las cosas, los fenómenos y el universo.

El universo visible ha dejado paso a la idea del multiverso y a la seguridad de que hay mucho más de lo que vemos.

La poesía, tan bella como humilde, no ha dejado de elevar el pensamiento, de denunciar la injusticia y de sanar los sentimientos.

No todo lo que hacemos es perfecto, y muchas de nuestras aparentes locuras acaban en fracaso o no han llegado, de momento, a hacerse realidad, pero ahí siguen, en el reino de la imaginación.

Lo que no se podía concebir ayer hoy es del todo comprensible.

No todo es corroborable y muchas cosas se quedan en el campo de las creencias, pero no desaparecen del ánimo de la humanidad a pesar de que algunas creencias pueden ser trampas, nocivas o de plano interesadas, porque, no sabemos qué, pero algo hay detrás de ellas que nos toca el alma.

Los dioses, que son ideas absurdas en sí y con todos los defectos de la humanidad, se mantienen en el alma humana como si de verdad hubiera algo más de lo que vemos y percibimos.

Sentimos la presencia de los devas y de los muertos aunque sabemos que no están físicamente aquí, pero los percibimos contra todo pronóstico y sin ninguna prueba tangible.

Los milagros, buenos o malos, también suceden, y la realidad se transforma de la noche a la mañana como por arte de magia.

La magia y la brujería, junto con toda clase de supersticiones, no dejan de existir ni siquiera a la luz de la razón más cartesiana.

Vemos más de lo que vemos, oímos más de lo que oímos y sentimos más de lo que sentimos; somos seres extraordinarios, que no superiores, que formamos y conformamos todos los mundos posibles e imposibles.

Somos y debemos tener consciencia de ser, porque incluso cuando nos negamos a nosotros mismos, seguimos siendo.

Sabemos que hay algo más aunque nos empeñemos en negarlo, y ese algo más no tiene que ser elevado, poderoso e infalible, como se pretende que sean algunas ideas, dioses o grandes hombres, sino algo de lo más común y corriente, algo que está a nuestro lado o frente a nuestras narices, ahí siempre presente.

Total, como dijo Lao Tse, la Nada es el Todo y el Todo es la Nada, y no hay nada superior ni inferior, sino la propia complejidad del universo y de la consciencia.

Simplemente eres el todo y la nada del multiverso.

¿QUÉ SOMOS?

Ser.

Somos ser.

Somos acción.

Somos existencia.

Somos conciencia y somos consciencia.

Somos luz y somos sombra.

Somos ayer, somos hoy y somos mañana en un mismo presente.

Somos sentir y somos comportamiento.

Somos experiencia.

Todo ello revestido en un cuerpo de carne y hueso, y envuelto en un alma de emociones y sentimientos, con un comportamiento que va de lo animal y lo salvaje, a lo sensible y a lo espiritual.

Por tanto, somos capaces de contener el todo y de entregarnos a la nada, intentando escapar de lo salvaje y lo animal, para llegar a lo sublime y a lo espiritual, algo que no se logra del todo si se niega una de las partes de lo que conforma el grueso de nuestro ser y de nuestro comportamiento.

"Nada de lo humano me es ajeno", presuntamente dijo Sócrates, pero lo pudo decir Cristo, Buda o el anciano del parque; y sí, es positivo mejorarnos a cada paso y superar nuestras deficiencias, pero no podemos ni debemos negarlas, porque seguirán con nosotros mientras tengamos cuerpo y vivamos en este planeta, y tal vez incluso en otras dimensiones por venir que ahora desconocemos.

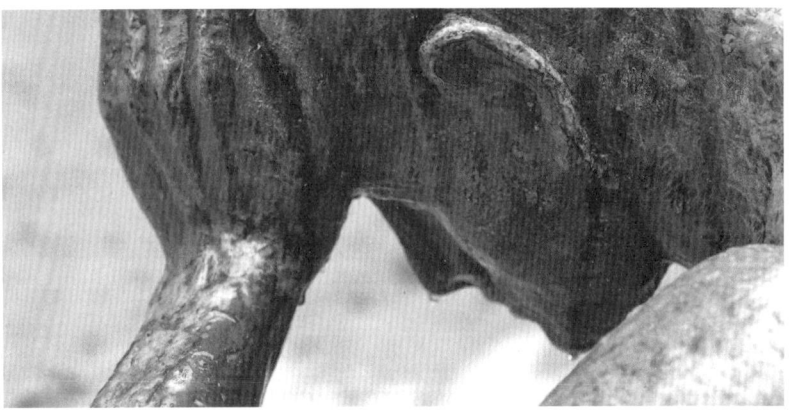

Eres tanto acción como pensamiento.

Tener consciencia de uno mismo es aceptarse con virtudes y defectos, naturales y civilizados o hasta urbanos, pues cada experiencia que vivimos, creemos, imaginamos o soñamos pasa a ser parte de nuestro ser interno.

Para el existencialismo de Sartre somos acción dentro de un mundo y un universo que desconocemos, pero en el que actuamos y adquirimos, o no, ciertas responsabilidades, como darle un sentido o no a nuestra existencia, como si de alguna manera se debiera justificar nuestro paso por esta vida y por este planeta, o bien no justificar nada, porque el existencialismo también puede ser nihilista según otros autores, como la propia pareja de Sartre, Simone de Beauvoir, e incluso las dos cosas a la vez, como ya señalaba el Tao hace algunos miles de años, porque incluso no haciendo nada se está viviendo y actuando, durmiendo o contemplando, meditando o pensando, ya que en realidad nada está inactivo en este universo.

Eres aunque no hagas nada ni te preocupes por nada, como sucede en muchas fases de la meditación trascendental.

Somos una suma, y a veces una resta, cambio y continuidad, elevación y caída, y nada de ello debe avergonzarnos, sino hacernos crecer en todos los sentidos y campos de la vida y de la existencia.

Nos portamos bien y nos portamos mal, tenemos buenos y malos pensamientos, brillantes y oscuros deseos, maldad y bondad, traición y venganza, vanidad y humildad, consuelo y desconsuelo, somos capaces del mayor egoísmo y del mayor sacrificio: somos todo eso y mucho más, y hay que ser consciente de ello.

Una vez que eres consciente de ti mismo y de tus pensamientos, actos, omisiones y sentimientos, puedes avanzar en el camino de la concentración plena que proponen tanto el Vipassana clásico como el mindfulness moderno, pues si tú estás contigo, no puede haber nadie contra ti, como nos relata Rubén Zamora en el próximo relato:

CONSCIENCIA DE SER

—*Señor, ¿es usted un ángel?*

—*Sí, pero no se lo digas a nadie.*

—*¿Por...?*

—*Porque nadie te creería, y pueden hacerte mal, pues de ti se burlarían.*

—*Pero usted puede protegerme y salvarme.*

—*¿Yo? No, mi rey, los ángeles de hoy en día no tenemos potestad para proteger a otros, ni jerarquía para salvar a nadie, lo siento.*

—*¿Y si se lo pide a Dios?*

—*No lo sé, no lo conozco, nunca lo he visto en persona, aunque he oído hablar de él.*

—*No será usted un demonio.*

—*Puedo serlo, puede ser ángel o demonio, da lo mismo, que en mi esfera nada está mal ni está bien.*

—*No le entiendo.*

—*Yo tampoco, y hasta otra, mi estimado, que es hora de desaparecer.*

¿DÓNDE ESTÁ EL MAESTRO?

Nadie nace sabiendo, dice el refrán, aunque algunas cosas, conocimientos y pensamientos pueden venir de otras vidas, vía genética y hasta de manera instintiva, como sucede en el reino animal, así que muchas cosas que hacemos, decimos y pensamos a veces nos sorprenden hasta a nosotros mismos.

Para Jung, muchos de nuestros pensamientos y hasta creencias mitológicas son parte de la consciencia colectiva (o inconsciente colectivo), y es por ello que pensamientos e ideas son compartidas por la humanidad entera como si de partículas entrelazadas se tratara.

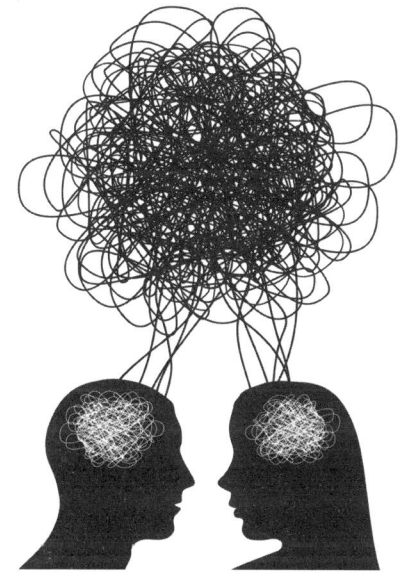

Todos los pensamientos están conectados,
según Carl Jung.

Algunos pudores y comportamientos morales son comunes prácticamente a toda la humanidad, sin que unos los hayan aprendido de otros.

Se puede decir que muchos miedos y actitudes ante el entorno son del todo naturales, o animales, y que las maneras de reaccionar ante ciertos estímulos son universales, tanto de valor como de cobardía, de ira o de violencia, de calma y de inquietud.

Hasta las bacterias reaccionan cuando el estímulo externo es favorable o desfavorable, o como decía Hegel, siguiendo a Aristóteles, hasta la materia se organiza, como los imanes, que repelen cargas iguales y atraen cargas contrarias.

Cada uno de nosotros tiene un paquete de información al nacer que irá desarrollando y poniendo a prueba a lo largo de la vida, y dentro de ese paquete hay tanto sabiduría como reacciones naturales, algunas de ellas personales y otras tantas compartidas.

"Somos uno", señala Buda, y las cadenas del ego son lo que nos separa.

Dentro de cada uno de nosotros hay un maestro dispuesto a enseñar, pero también hay un discípulo dispuesto a aprender.

Como maestros damos ejemplo y ponemos a los demás en el camino del conocimiento y el aprendizaje, pero no podemos aprender por ellos, si bien es cierto que la mejor forma de aprender es enseñando.

Como alumnos observamos y hasta criticamos lo que el maestro nos enseña, pero no podemos esperar que sea él quien pase el examen.

¿Dónde está el Maestro?

El verdadero Maestro está dentro de nosotros, el resto de profesores externos solo pueden guiarnos en los primeros pasos del aprendizaje, el resto depende única y exclusivamente de nosotros.

Depender siempre de lo externo, que ni podemos controlar ni manipular a nuestro gusto o comodidad, es una atadura que debemos romper si queremos realmente avanzar y ser libres de pensamiento, acto y obra.

Dentro de todos y cada uno de nosotros hay un Maestro que nos abre las puertas del conocimiento y nos da la consciencia de saber quiénes somos.

Tú eres tu propio Maestro, y no debes eludir la responsabilidad de serlo.

Por supuesto que es más cómodo que una persona famosa o de prestigio sea nuestro mentor, y no está mal que en un principio lo sea, pero tarde o temprano tenemos que asumir que no hay más Maestro que el Yo Interno.

Si no lo hacemos, nunca tendremos consciencia de nosotros mismos y seremos solo una repetición, un espejo, una sombra o hasta una rémora que no se conoce a sí misma.

Quizá no seas la persona responsable de lo que sucede en ti, en tu entorno y en el universo entero, pero sí eres responsable de tu ser interno, incluso si no quieres serlo y prefieres depender de la sabiduría y el conocimiento externos.

¿CÓMO DESCUBRIR AL MAESTRO QUE HAY EN TI?
Meditando:

Relájate y estira tus miembros como hacen los gatos.

Respira hondo.

Ve a un lugar donde no te distraiga nada.

Ponte cómodo.

Siéntate.

No te recuestes, pues acostado la energía no se desplaza correctamente por la columna vertebral.

La posición ideal es la flor de loto, pero no es obligatorio hacerla, sobre todo si no tienes la elasticidad o la habilidad para hacerla.

La posición ideal, pero no obligatoria.

Una vez sentado, une los dedos índice y pulgar de cada mano.

Respira suavemente.

Entorna o cierra los ojos.

Espera a sentir el latido de tu corazón en las yemas de los dedos índice y pulgar.

Respira centrando tu mente en la coronilla.

Luego respira centrando tu mente en la frente.

Acto seguido, respira centrando tu mente en la garganta.

Ahora respira centrando tu mente en el corazón.

Finalmente, respira centrando tu mente en el diafragma o parte baja del esternón.

Respira conscientemente, inhalando mientras cuentas hasta cinco.

Mantén dentro de tus pulmones lo respirado durante cinco segundos.

Exhala suavemente contando hasta cinco.

Mantente sin respirar cinco segundos.

Respira hondo y centra tu pensamiento en ti mismo, en tu ser, en tus actos y en tus emociones, y obsérvate detenidamente.

Pregúntate a ti mismo quién eres, qué eres.

Pregúntate a ti mismo de dónde vienes, dónde estás y hacia dónde vas.

No esperes respuestas inmediatas ni convencionales, simplemente observa lo que te contestas a ti mismo.

No juzgues, no calibres, no compares, no inventes, simplemente observa lo que hay en tu meditación.

Finalmente, respira larga y profundamente, centra tu mente en el aire que entra y sale de tu cuerpo, separa los dedos índice y pulgar, abre poco a poco los ojos, desperézate y estira tus miembros como hacen los gatos.

Puedes hacerlo todos los días, tanto para encontrarte a ti mismo como para no olvidar quién eres o lo que eres, por ejemplo, tu propio Maestro, ese que te da consciencia de ti mismo en plena libertad de pensamiento.

IV
EL CAMINO DE LA VIDA Y LAS ESTRELLAS

—¿Qué es la vida, maestro?
—La vida es un camino.
—¿Y a dónde nos lleva?
—No importa,
porque es un camino
que nunca se acaba.

PROVERBIO ZEN

Para el mindfulness, siguiendo las tradiciones de oriente e incorporándolas a occidente, no importa el final ni el principio, los orígenes o el sentido, lo que importa es el recorrido, por eso hay que hacerlo lo mejor posible, sin ataduras ni desvíos, centrados siempre en el camino y disfrutando del mismo.

Pero, se preguntan muchas personas, ¿cuál es el sentido de la vida?

¿Cuál es la razón de nuestra presencia en este planeta, en este universo?

¿A qué se debe nuestra presencia?

¿Por qué tenemos consciencia de ser y de estar?

¿Qué somos?

Para algunas corrientes esotéricas y religiosas, el sentido global de la existencia humana es la trascendencia.

Nacer y morir solo son estados cíclicos de una eternidad que antecede a la vida biológica y continúa una vez que esta termina.

Somos desde antes de nacer y lo seguimos siendo una vez que el cuerpo fallece.

Eso es a nivel global, y a veces individual, como especie.

Antes de nosotros hubo otras formas de vida, y cuando ya no estemos sobre el planeta, habrá otras especies sobre la faz de la Tierra.

Hay especies que duran millones de años, otras solo milenios, y la nuestra, la humana, es muy joven, y de vez en cuando parece que no sobrevivirá mucho tiempo, por lo cual, tanto en el mindfulness como en el Vipassana, ni el pasado ni el futuro tienen demasiada importancia, y es el eterno hoy lo que cuenta.

"Qué importa cuántos años te quedan de vida, ni si eres joven o si eres viejo, lo que importa es que estás vivo en este preciso momento."

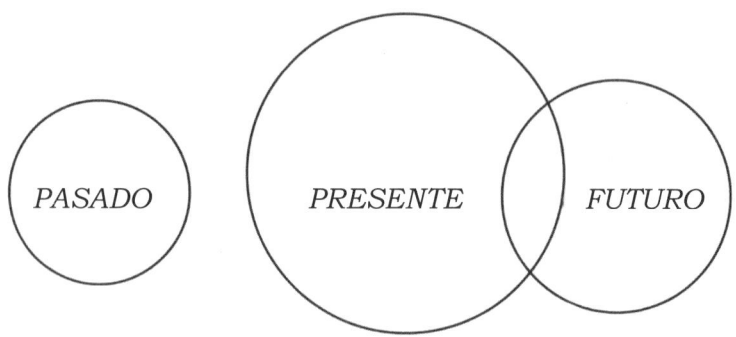

Todo recae en el ahora mismo.

Ciertamente, ni los individuos ni la humanidad entera tienen la vida comprada y asegurada, y pueden desaparecer en cualquier instante sin importar su edad, sus sueños o sus características, su amor, su bondad, su compasión o su locura suicida y sus guerras, así como sus grandes obras.

Por tanto, lo importante es lo que estás haciendo hoy, ahora mismo, en este momento, y no lo que hicieron los dinosaurios ni el futuro, quizá de los pulpos o las cucarachas, conquistando otros planetas.

Por supuesto que es más sano construir que destruir, y saber o decir la verdad sobre el pasado que mentir y llenarlo de fantasías, pero todo eso se hace desde el hoy, desde el ahora, porque, aunque no lo parezca, el futuro influye sobre el pasado y el presente (ahora la física cuántica lo certifica), de la misma manera que el pasado influye sobre el presente y sobre el futuro, pero todo cae y recae en el hoy, en el instante presente, en este mismo momento.

EL LABERINTO DE LAS DISTRACCIONES

Desde la óptica del mindfulness, el Vipassana, la filosofía taoísta, el zen y el budismo, la vida, y a veces las vidas, son todo un laberinto de distracciones que nos impiden ver al verdadero ser que nos anima desde siempre en los eternos ciclos del universo.

La forma en que experimentamos la vida cotidianamente a menudo nos aleja de conceptos más espirituales o trascendentales.

Las distracciones y desinformaciones, o falta de información, nos atrapan todos los días y a cada momento, dejándonos muy poco tiempo para la reflexión puntual, y mucho menos tiempo para la meditación:

- La familia en nuestra más tierna infancia.

- La cultura y el entorno en la juventud.

- El trabajo y la profesión en la edad adulta.

- La rutina y las inseguridades en la vejez.

- La literatura, sobre todo la famosa y superficial, aunque te la vendan como un clásico imprescindible.

- La radio, que deja las manos libres pero la cabeza ocupada.

- La televisión, cada vez más amplia y más agresiva.

- El cine, con modelos sociales imposibles de cumplir y con héroes fantásticos o del todo asesinos y criminales.

- El teatro, aunque cada vez menos, con sus dramas y propuestas morales.

- Los cultos y las religiones, con sus misas obligadas y sus consignas, que casi nadie sigue, pero que se llevan impregnadas en el alma.

- Las redes sociales que inundan hasta el último rincón de nuestros pensamientos.

- El amor y la pareja como obligación, lo mismo que la maternidad y la paternidad, cuando debería ser algo natural.

- Los hijos, los padres, los amigos y los parientes, como círculo social que constriñe nuestra actitud, nos lleva a competencias y conflictos innecesarios, y nos impide desarrollarnos plenamente.

- Las obligaciones que nos imponemos a nosotros mismos sin que nadie nos lo pida, como la felicidad, la empatía o la acción social.

- Las ideologías políticas o filosóficas, a las que nos adscribimos muchas veces sin saber ni siquiera de qué se tratan.

- Los deportes y las guerras, a los que apostamos a veces nuestras vidas sin más recompensa que un caramelo emocional de identificación partidaria o patriótica.

- La ambición y la codicia, junto con la mediocridad para alcanzar el poder y la riqueza que otros tienen y que nosotros nunca tendremos.

- El dinero, más allá del intercambio simbólico que significa.

- La fama y el prestigio, tanto propios como ajenos.

- La salud propia o ajena, y hasta el miedo a tener miedo por padecer enfermedades.

- La fe, la esperanza y la caridad, aunque no las tengamos o no las practiquemos de manera habitual.

- La culpa y el juzgar a los demás y a nosotros mismos bajo el prisma de pecados que no podemos dejar de hacer, y virtudes imposibles de conseguir tanto por nosotros como por los que nos rodean.

- Ser alguien o algo importante o especial, diferente en nuestro entorno.

- El ego, el orgullo y la vanidad, junto con el hambre, los celos y la envidia.

La obligación de ser alguien o algo especial.

Muchas de estas distracciones no son malas ni buenas en sí mismas, y pueden incluso ser funcionales y darnos una que otra alegría, y hasta llevarnos a confundirlas con el sentido de nuestra existencia en este mundo.

La vida está llena de distracciones que a menudo nos dejan de lado a nosotros mismos y a lo que verdaderamente pensamos, decimos o hacemos.

Generalmente, una cosa es la que pensamos, otra la que sentimos y una muy diferente la que acabamos haciendo.

Cedemos ante la autoridad, el entorno social, la familia, la pareja, los hijos o nosotros mismos, y cambiamos de parecer de un instante a otro.

También nos mueve aquello que pensamos son nuestros intereses, lo que creemos conveniente o que nos conviene y reditúa en determinamos momentos o etapas de la vida.

Por eso, a menudo usamos como excusa o justificación las emociones y los sentimientos, que nos facilitan hacer algo noble, o terrible, con el pretexto de que estamos enamorados o que hemos dejado de amar o respetar a la pareja, el jefe, el país o lo que sea, pues todo se debe a un amor o a un desamor, y no a nuestra responsabilidad de asumir valores y consecuencias de nuestros actos, por mucho que juremos que lo estamos haciendo.

Sí, más de una vez a lo largo de nuestra vida forzamos las distracciones para que nos sirvan de escudo ante un acto heroico o ante un mal comportamiento.

No es que estemos lejos de la perfección, es que estamos muy lejos de cumplir con los valores, la moral y la ética que nos hemos inventado los humanos en los últimos dos o tres milenios.

Claro que tenemos excelsos valores, pero rara

vez los cumplimos, y a partir de ahí nos juzgamos a nosotros mismos y a los demás por carecer de ellos.

Distraemos la verdad con todo tipo de argumentos, incluso con algunos que parecen del todo sólidos y ciertos.

Incluso buscamos la manera de distraernos de otras distracciones, y si el trabajo y la rutina nos tienen sometidos a un pozo de distracciones obligadas, buscamos las distracciones del ocio, el alcohol, el sexo o las drogas, que pueden acabar sometiéndonos más que las distracciones cotidianas.

El caso es estar alegremente, o tristemente, distraídos para soportar el peso de la existencia, sobre todo si no le encontramos ningún sentido.

La tranquilidad extrema, tanto como el padecimiento extremo, pueden llevarnos a un sinsentido existencial, o depresión, donde nosotros mismos, o nuestro ser interno, está casi del todo desaparecido.

Saber que mañana va a ser igual que ayer y que hoy, con el mismo trabajo, las mismas vacaciones y el mismo sueldo, aunque este sea bueno y suficiente, puede orillar a la más tremenda de las depresiones, donde la única salida de esa vida es la muerte.

Saber que mañana va a ser igual que ayer y que hoy, con la misma enfermedad, sufrimiento o encierro, también puede deprimir a quien lo padece y hacer de su vida y su mundo un pozo de oscuridad del que no puede salir.

Por tanto, como escribió Viktor Frankl, ante estas dos situaciones lo mejor es tener un sentido existencial, algo que trascienda a la experiencia cotidiana, tanto si esta sucede en un campo de concentración nazi como en un despacho de Wall Street.

Cuando parece que no hay salida.

Tener consciencia plena de uno mismo, y descubrir que la vida no es lo que parece ni es ese invento que hemos diseñado para convivir en sociedad, es el sentido vital que el mindfulness ofrece para salir de depresión.

Abolir, en lo posible, las distracciones del mundo exterior que se han colado en nuestra mente y nuestra alma como elementos inevitables de la vida, puede darnos una visión más clara de lo que somos y de nuestro paso por la vida.

No es que todo sea negativo o mentira, es casi todo es una invención nuestra y de nuestros antepasados que debemos mirar desde otra perspectiva más profunda y no distraernos con su apariencia agradable, o desagradable, externa.

MINDFULNESS Y FENG SHUI

Desde el punto de vista del Feng Shui, del cual soy un seguidor acérrimo, cada persona, dependiendo de su posición en el mundo, tiene un propio sentido existencial por el cual vivir para volver al centro de sí mismo, que es lo mismo que alcanzar el Nirvana o el Cielo en otros pensamientos mágicos y religiosos.

Esos caminos son ocho, que decantan en un noveno estado (como en el olvidado eneagrama) que es el centro energético de todo:

KHAN

Quien es Khan, por ejemplo, los nacidos en enero o en una familia o posición poderosa, debe ser el señor, el que mande y dirija, el que se haga responsable del grupo, del pueblo, del país o de su propia familia.

Su sentido y camino en la vida es llegar a lo más alto y mantenerse dignamente en la cúpula de la jerarquía.

Su obligación y responsabilidad es conocer el poder, detentarlo y dominarlo, sin dejarse dominar por él, ya que su alma está destinada a ser grande y fuerte, magnánima y sabia. Solo los débiles y los pusilánimes se dejan dominar por el poder y utilizan la autoridad para medrar sobre los demás. Las almas elevadas son justas, y no corruptas y aprovechadas.

El poder suele sacar lo peor de uno mismo y convertirse en un sucio vicio, el peor de todos los vicios; pero también puede sacar lo mejor si se es realmente Khan y no solo una copia, un títere o un remedo.

Khan es generoso y dadivoso, no egoísta ni tacaño con los demás, y mucho menos consigo mismo.

Gengis Khan, el señor.

La ambición es buena para alcanzar las metas, la codicia es negativa porque nunca tiene suficiente con lo alcanzado y siempre quiere más, y más, y más, sin importarle los medios ni las injusticias que se cometan.

Su color es el negro.

Su orientación el Norte.

Su meditación y respiración centradas en la coronilla.

QIAN

Las personas nacidas en los meses de noviembre y diciembre pertenecen a la puerta de Qian, la señora, la que administra, la que emprende, la que conoce los secretos y gobierna desde la sombra o en segundo plano si lo amerita, o en la cúpula si se requiere.

También si se nace o se crece en un entorno de responsabilidades, o al lado de personas Khan, se debe actuar con sigilo apoyando a los que la rodean, sobre todo a sus servidores y a su pareja.

No basta con ser dependiente, pasiva o receptiva, porque tiene la obligación de cuidar lo recibido y aumentarlo con creces.

Las personas Qian tienen la obligación y responsabilidad tanto de aprender como de enseñar, sobre todo en los campos de la administración y la justicia, pero deben evitar a toda costa las intrigas y la tacañería, que no deben confundir con el ahorro ni con las inversiones.

Conocer el mundo y sus lenguas, abrir caminos para los que tiene cerca, acumular lo que se sabe y experimentar nuevas fronteras.

Nada tiene de sumiso su papel en esta vida, pues debe estar siempre preparada para asumir el papel de Khan, el señor, y continuar con sus tareas.

Nadie mejor que Qian para salir de problemas y para superarse personalmente, pues en su ser interior lleva la luz de la competencia leal y sincera, que no le pide nada a nadie y entrega lo que hay que entregar, nada más ni nada menos, como hizo Wu Zetian, la Gran Emperatriz en el siglo VII de nuestra era.

Su sentido y camino de la vida es saber y compartir.

Sus colores son el magenta, el granate y el marrón madera.

Su orientación el Noroeste.

Su meditación y respiración centradas en el coxis y en la coronilla.

Wu Zetian, la Gran Qian y emperatriz china.

GEN

Gen es el maestro, el sabio, el científico, el consejero, y corresponde a las personas nacidas en los meses de febrero y marzo, o a las que han nacido y crecido dentro de las ciencias o la burocracia, cercanos al poder o a las altas esferas de la administración. Para Confucio, son las personas que en realidad gobiernan al mundo, la burocracia de élite, y las que dan lugar a los grandes descubrimientos que hacen crecer a la humanidad.

Su sentido y camino de la vida es aconsejar, crear y descubrir, incluso revolucionar su entorno o al mundo entero.

Las personas Gen suelen tener consciencia de sí mismas desde la más tierna infancia, y suelen destacar por su inteligencia y hasta por su rebeldía.

Suelen saber más que los demás, pero deben tener cuidado con la vanidad y el orgullo, y con que el conocimiento no se les vaya de las manos y lo que creen o descubran se convierta más en un peligro que en una solución.

Su misión en esta vida y lo que le da sentido a su existencia es sanar a los demás, incluso a la humanidad entera, tanto en el campo de la salud como en las emociones y el comportamiento social.

Por supuesto, les encanta la soledad, pero no deben aislarse más de la cuenta y quedarse con sus conocimientos solo para ellos, pues su sabiduría y consejos siempre son muchas veces más que necesarios para el resto.

Lo que hagan los demás con la sabiduría que les entrega, por gracia o por desgracia, no es de su competencia.

Pensar es su obligación y responsabilidad, incluso si lo hace en un apartado monasterio o en una ermita, e incluso en una urbanización de lujo.

Detrás de todo gran Khan hay un sabio consejero Gen.

Su color es el gris metálico, pero también los tornasolados.

Su orientación el Noreste.

Su meditación y respiración centradas en la frente.

Dui

El Monje, corresponde a las personas nacidas en el mes de octubre, pero también para las personas místicas desde su juventud o que han nacido y crecido en un entorno religioso o similar, incluso los seres que sientan el llamado de lo más lejano, tanto celestial como terrenal.

*Llegar a lo más lejos en
lo terrenal y en lo espiritual.*

Todo lo que sea belleza y armonía los acompañará buena parte de su vida, lo que es un don, pero también un obstáculo, sobre todo si el entorno en el que se desenvuelven no es el más adecuado, y esa armonía y belleza se convierte en fuente de envidias ajenas y no en atracción y cariño.

No es raro que las personas Dui tengan el don de las matemáticas, la música o el diseño, ya que de una u otra forma tienden a embellecer y armonizar por lo menos algo de lo que les rodea.

Uno de los sentidos de su existencia es recorrer el mundo o incluso el universo entero, tanto de manera física como de manera espiritual, y si bien son personas amorosas, simpáticas y serviciales, a menudo requieren de nuevas experiencias que estén más allá de lo convencional. Otro de ellos es su vocación de lealtad y servicio, tanto como saber lidiar con la buena y la mala fortuna, pues muchas de las cosas que le sucedan no dependerán de sus actos, y le caerán del cielo cuando menos se lo espere.

Nadie debe confiarse de su amabilidad y nobleza servicial, pues también puede ser un soldado fiero o un guerrero iracundo, sobre todo si siente que está defendiendo la justicia o a los menos favorecidos.

Los celos y el exceso de dedicación son sus principales obstáculos que vencer y superar, tanto como su tendencia a creer demasiado en los seres superiores, lo que puede convertirlo en un fanático; por tanto, está obligado a buscar siempre el equilibrio interno y externo en medida de lo posible.

Su color es el gris azul intenso, pero también todos los tonos florales.

Su orientación el Oeste.

Su meditación y respiración centradas en la garganta y en los riñones.

CHEN

El mítico dragón de la suerte es el camino de las personas nacidas en plena primavera, sobre todo en el mes de abril, de la misma manera que aquellas personas que suelen tener suerte o ser afortunados sin poner prácticamente nada de su parte para merecerlo, o tener un don o talento especial que casi nadie tiene, incluso una habilidad por la que se destacan del resto.

Los sabios dicen que negar los dones es ir en contra del sentido de la vida: "Quien niega sus dones, niega su alma, y puede perder su ser y su espíritu al hacerlo".

Lo que los dioses nos regalan nunca debe ser despreciado, no importa si se han hecho méritos o no para tenerlos.

Hay personas que nacen en pañales de seda sin proponérselo, o a las que les ha caído una gran herencia sin esperarlo ni haber competido para tenerla, pero no por ello deben sentirse culpables, sino aprovechar, administrar y hasta hacer crecer lo recibido.

Pueden ayudar a los que no tienen suerte, o que han tenido muy mala fortuna en esta vida, pero no están obligados a hacerlo, y nada les pasará si son díscolos y egoístas, pues la fortuna siempre estará con ellos.

Curiosamente, y a pesar de su continua buena suerte, no serán presa de las envidias ni de los odios ajenos, sino más bien de su admiración, incluso si su vida personal no es un ejemplo para los demás.

Por supuesto, irradian buena suerte sin quererlo y aumentan los bienes de los lugares y de las personas que tienen cerca.

La poderosa y eterna buena suerte del dragón Chen.

Su obligación, responsabilidad y sentido existencial es simplemente ser y estar, vivir y pasear por este mundo, sin más pesares, ni convenciones, ni esfuerzos, ya que tanto la fama como el dinero les llegará en cualquier cosa que hagan o dejen de hacer, tanto si son empresarios, artistas o hijos de alguien poderoso que solo se dedican a disfrutar de los bienes de la existencia terrenal.

Su color es el verde y las maderas en todas sus tonalidades.

Su orientación el Este.

Su meditación y respiración centradas en el plexo solar y en el corazón.

Obviamente, su mayor peligro y enemigo es su propio ego.

Xun

Las personas Xun, la doncella, son las nacidas entre los meses de agosto y septiembre, así como las que tienen una gran sensibilidad emocional o poética, ocupando la parte baja o media de la calificación y clasificación social, asociadas con la intuición, el arte, el drama o la simple y agradable vida hogareña.

También suelen ser personas que le dan la suerte, el bienestar y la abundancia a los demás, tanto, que su posición en el hogar es conocida como "la esquina de la fortuna", aunque muy a menudo esa riqueza no les llegue o los afortunados no la compartan con ellas.

Su misión y sentido en esta vida es la creación y la dedicación a los demás, tanto por la vía del amor, la maternidad, la paternidad o el sacrificio, por lo que suelen ser buenos docentes o excelentes compañeros y compañeras de vida.

Tienen un rico y espiritual ser interior, aunque no siempre demasiado profundo, pero lo suficientemente sano para llevar una existencia agradable.

La hermana menor, Xun.

También se les conoce como "la hermana menor" o la "hermana casadera", porque son personas muy románticas, a veces demasiado.

Pueden llevar toda una vida apenas sin tropiezos materiales, aunque no se descarta que sufran de amores o de traiciones relacionadas con el afecto y con la familia, y si bien pueden ser vengativas de algún modo, no suelen guardar el rencor durante mucho tiempo.

A veces viven en otro mundo, como el mundo de las ilusiones y de los sueños, o demasiado concentradas en sus labores o en su arte, y no porque se encierren y busquen la soledad, sino porque son capaces de adentrarse en otras dimensiones o en su orbe personal sin que se den cuenta de lo que está pasando a su alrededor.

De hecho, son muy matrimoniales durante buena parte de su existencia.

Pueden pecar de ingenuidad tanto como de vanidad, y a la vez ser muy impacientes e insistentes con lo que desean, piensan o sienten.

Cumplen, de cualquier manera, con sus obligaciones y responsabilidades, e incluso exageran un poco con este cumplimiento, llegando a obsesionarse por lo que han hecho o dejado de hacer.

Los buenos espíritus suelen hablarles alguna vez al oído (o en sueños), ya sea para anunciarles un golpe de suerte o una separación.

Su color suele ser el azul cielo o el lila pastel o translúcido.

Su orientación el Sureste.

Su meditación y respiración centradas en el corazón.

KUN

Las personas nacidas entre marzo y junio son Kun, "la hermana mayor" o la "hermana no casadera", abocadas a una vida de trabajo constante y de cuidado de sus familiares mayores, sobre todo de su madre; también las personas que son autónomas e independientes a nivel emocional, pero no a nivel afectivo, con pequeñas o grandes empresas, muchas ganas de aprender, de viajar y de sanar a los demás, ya sea con las palabras o con la medicina.

Kun, la hermana no casadera.

Pueden ser muy maternales y muy paternales aunque no tengan hijos, y a menudo su pareja tiene una diferencia considerable de años en uno o en otro sentido, lo que puede provocar las críticas sociales.

Se cuenta en China, donde no tiene muy buen cartel ser Kun, que "cuando tiene belleza exterior suele tener muy mal carácter, y cuando tiene buen carácter no suele tener mucha belleza exterior".

Su misión y sentido de la vida es proteger a los demás, incluso a pesar de sí mismas, pero sin dejar a un lado sus ambiciones ni su profesión, e imponiendo de cierta manera su criterio a los demás: "Te ayudo y te protejo siempre que me correspondas y hagas caso a lo que te digo", parecen decir constantemente.

Por supuesto, si no se les sigue la corriente, se olvidan muy pronto de las promesas de ayuda y cuidado que han ofrecido, pasando del amor y la dedicación al odio y al desprecio en un instante.

Enfermeras, enfermeros, peluqueras, peluqueros, comerciantes de belleza, servidores públicos menores, deportistas, ayudantes de famosos, políticos, maquillistas y un sinnúmero de oficios y artesanías corresponden a las personas Kun, todo un tramado social de dedicación a su entorno.

Sus colores son el verde amarillo y el verde oliva.

Su orientación el Suroeste.

Su meditación y respiración centradas en el diafragma y en los riñones.

Por paradojas de la vida, saben curar a los demás pero no suelen tener muy buena salud, a pesar de portarse bien y de cuidar su alimentación y su cuerpo todos los días.

Li

Las personas nacidas el mes de julio son plenamente Li, pero todo aquel que es pobre, o que sufre y llora en este mundo, también es Li, por lo que los sabios chinos decían que Li (deseo) es casi todo el mundo.

Quien no tiene deseos, no tiene sufrimientos, dijo Buda, y es obvio que la mayoría de la población mundial los tiene y a menudo sufre porque no los consigue hacer realidad, o también, como diría Oscar Wilde, porque los ha hecho realidad.

La vida misma puede ser Li, pues ofrece las esperanzas e ilusiones que casi nunca se cumplirán, o da problemas y dolores que nadie espera y cuando menos se lo imaginan.

El grueso de la población mundial vive en Li, y puede sufrir desde una uña enterrada hasta la peor de las catástrofes y de las guerras.

La belleza y la Naturaleza son Li.

Pero también en Li está la alegría de vivir, el sexo, la comida, la bebida y las distracciones, ritos y fiestas que dan momentos de libertad y de felicidad efímera, pero intensa.

No hay cocinero que no sea Li, lo mismo que tampoco hay un buen comensal que no lo sea.

La maternidad física pasa por Li, lo mismo que un amable y fructífero matrimonio, o una "familia feliz", tanto en plato como en el plano social.

La fama y la popularidad están en Li, junto a los bohemios y a los verdaderos artistas, a los héroes y a los deportistas o acróbatas que hacen las delicias del público en general, que también es Li.

Lo femenino es Li.

La naturaleza es Li.

El enamoramiento y el sexo son Li.

La amistad es Li.

El compañerismo es Li.

La humildad es Li.

La sencillez es Li.

La reproducción es Li.

El placer es Li.

Las pasiones son Li.

El mar es Li.

El sufrimiento es Li.

La resistencia es Li.

La superación de los dramas de la vida, incluida la depresión y la ansiedad, es Li.

La capacidad de recuperación física, anímica y mental es Li.

Las emociones y los sentimientos son Li.

En suma, casi todo lo que creemos y pensamos de la vida es Li.

Su sentido de la vida y su obligación no es otra que vivir y sacar el mejor partido de una vida que dista mucho de ser justa y perfecta.

Su posición es el Sur.

Su color el blanco y el morado.

Su respiración y meditación debe estar centrada en el sacro y en los riñones, aunque puede recorrer todos los puntos (chacras) si así lo desea.

QI

Según el Feng Shui, como el Qi es el centro energético de la existencia y la perfección en el universo, no hay muchas personas Qi en este planeta, solo una o dos cada setecientos años, más o menos, tanto si se les da fama o si permanecen en las sombras sin que nadie las conozca, pues pueden apartarse del mundo y sus ataduras desde muy temprana edad, alcanzando un estado de consciencia que es muy difícil de explicar a los demás, o sencillamente inútil, pues solo otras personas con el mismo nivel de consciencia pueden comprenderlos.

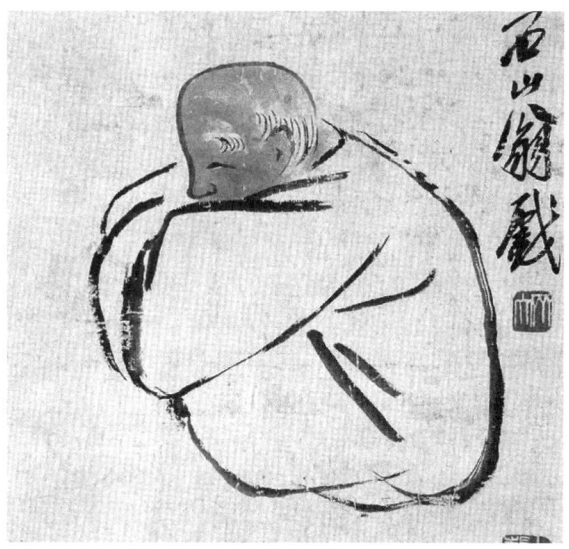

Las personas Qi son escasas.

No necesitan meditación ni respiración alguna para mantenerse plenamente atentos y conscientes, siempre cerca de los senderos de la espiritualidad, inspirando al resto del mundo con su sola existencia.

Se sienten, se perciben y nos animan aunque nadie los conozca ni los vea.

MINDFULNESS Y ASTROLOGÍA

La astrología, sobre todo la que se refiere al karma y como nos cuenta el amigo Jay Tatsay, también señala una serie de cualidades, dones, karmas y dharmas que deben seguirse en la vida para evolucionar positivamente y alcanzar finalmente, y tras unas 144 vidas, el ansiado Nirvana del hinduismo:

ARIES

Para el mindfulness astrológico, el signo de Aries ha venido a este mundo a iniciarlo todo, como la primavera, y a mover al planeta y a sus congéneres en la dirección correcta, asumiendo el liderazgo.

Las personas de Aries están catalogadas como activas y decididas, pero no siempre es así, sobre todo si no tienen claro cuál es su papel en esta vida, o si se vuelven dependientes de otras personas.

Su misión en esta vida es ser el número uno prácticamente en todo y para todo, mostrando una competitividad que otros signos no muestran.

Como signo eléctrico y masculino hace pensar que los hombres del signo son más activos y ambiciosos que las mujeres Aries, sin embargo, en la vida real y cotidiana son las mujeres Aries las que a menudo llevan la batuta, y son capaces de hacer lo que cualquier macho de la especie, pues son fuertes, astutas, decididas y estrategas, y tienen más claro que su camino es la libertad y la independencia.

Muchas veces los hombres Aries, sobre todo los del primer decanato, se conforman con ser cola de león en lugar de ser cabeza de ratón, lo que los lleva a estados algo depresivos o a sentir que no pertenecen a este mundo.

Aries puede ser tan impulsivo como sensible.

La Casa XII de cada signo, considerada la Casa del Karma, los sufrimientos y las grandes empresas, el arte y la emocionalidad, debería ser la que marque el sentido de la vida de cada signo, y en el caso de Aries la Casa XII recae en el signo de Piscis, por lo que deberían, además de ser activos y decididos, tener la capacidad de superar las emociones, la negligencia y la pereza y centrarse en lo que deben hacer para llevar una vida plena.

Tomar consciencia de este detalle le permitirá ver las cosas desde otro punto de vista y centrar su atención plena en lo que verdaderamente es valioso en esta vida, superando así la ansiedad, la depresión y el sinsentido de la existencia.

Aries debe tomar consciencia de que se le han dado las herramientas necesarias para cumplir con su cometido en la vida.

Cruz cardinal.

Elemento fuego.

Energía eléctrica positiva.

Género masculino.

Planeta Marte.

TAURO

Grandes pensadores, como Marx, pero también grandes tiranos, como Hitler, pertenecen a la influencia de Tauro, pero también lo hace gente común y corriente, desde catedráticos y editores hasta obreros de la construcción, banqueros y campesinos.

La ambición podría ser el común denominador de todas las personas Tauro, tomando en cuenta que cada ambición puede ser distinta.

Ambición de poder y dinero.

De reconocimiento social o profesional.

De seguridad y protección.

De amor o de sexo, o de ambas cosas a la vez.

De formar una hermosa familia.

De disfrutar de la vida sin demasiados contratiempos.

Pero ambición al fin y al cabo, que siempre puede

torcerse cuando se convierte en codicia y hace que todo logro o triunfo se convierta en amargura.

Tauro debe tomar consciencia de que se le han dado las herramientas necesarias para cumplir con su cometido en la vida, y que muchas de ellas pasan por los dones para el canto y la pintura.

Para algunos astrólogos, el renunciar a los dones que las estrellas y la naturaleza nos han dado es algo así como un pecado, ya que no hace falta ser rico ni famoso para cantar y pintar, sino simplemente seguir cantando y pintando.

Desde el punto de vista del mindfulness la fama y la gloria para los artistas no depende de ellos ni de su talento, sino el de tener el círculo social adecuado, como Salvador Dalí, un Tauro talentoso y acaudalado desde su nacimiento, y rodeado de las figuras prominentes de su época.

La enorme sensibilidad artística del toro.

Cruz fija.
Elemento tierra.

Energía magnética positiva.
Género femenino.
Planeta Venus.

GÉMINIS

La versatilidad sería la palabra clave de Géminis, al que le caben prácticamente todas las profesiones habidas y por haber en el mundo, desde político hasta astronauta, y desde actriz hasta maquillista profesional, y todo lo hará lo mejor posible, aunque muchas de esas profesiones no le satisfagan del todo, y siempre puede cambiar a algo más cómodo y duradero, que para eso es el signo de la versatilidad.

Como signo mutable se encuentra en una etapa infantil espiritualmente hablando, por lo que muchos de sus fallos y errores se le pasarán por alto, y no se juzgará con dureza a sí mismo, por lo que muchos lo consideran un signo de lo más adecuado para la práctica del mindfulness.

Tal parece que se lo merece todo, a menos que las enfermedades hagan acto de aparición y le estropeen en parte la alegría de vivir; unas enfermedades que generalmente supera, con esfuerzo, pero las supera.

La salud es muy importante para Géminis, y una de sus vocaciones y sentido de la vida radica precisamente en curarse a sí mismo y a los demás, tanto por la comunicación y la difusión de comportamientos e ideas, como por parte de la medicina reglada oficialmente.

Géminis debe tomar consciencia de que se le han dado las herramientas necesarias para cumplir con su cometido en la vida.

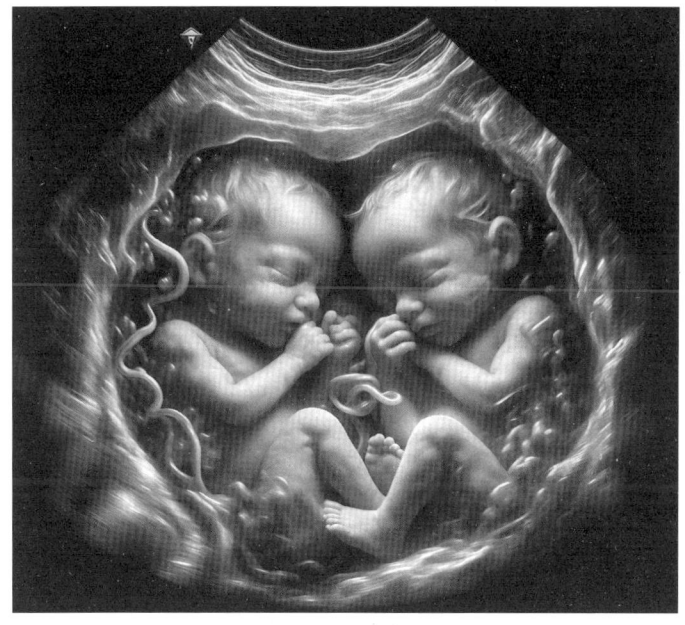

La versatilidad de los gemelos.

Cruz mutable.
Elemento aire.
Planeta Mercurio.
Energía eléctrica negativa.
Género masculino.
Comunícate, porque el hablar cura.

CÁNCER

A menudo se dice que las personas de Cáncer han venido a este mundo a sufrir, a pasarlo mal, a ver cómo el amor se desvanece o se escapa y cómo su propia alma peca de los mismos males que critica en los demás, pues en cierta forma están atadas a la espiral kármica del bien y del mal, y no pueden escapar de ella.

Algo hay de eso, ya que Cáncer es el signo del

mar y de las lágrimas, de la maternidad y del sacrificio, con una sensibilidad muy acusada que le hace sentir profundamente lo que otros signos apenas notan.

El dolor es inevitable, el sufrimiento es aleatorio.

Psíquicos, deportistas, héroes, cocineros, brujas, hechiceras, psiquiatras, terapeutas, psicólogos y hasta simples —pero poderosas— amas de casa están en su camino vital y le dan sentido a su existencia, por lo que pueden superar y resistir cualquier clase de sufrimiento y hasta sublimarlo para convertirlo en un triunfo de su temperamento.

¿A qué ha venido Cáncer al mundo?

A superarse y a resistir, casi nada, sin dejar de lado que cuando no traiciona a lo que más admira, es una excelente persona: cuidadosa, generosa y dadivosa, capaz de dar su vida para salvar vidas ajenas.

Cáncer debe tomar consciencia de que se le han dado las herramientas sensibles y necesarias para cumplir con su cometido en la vida.

La resistencia infinita del cangrejo.

Cruz cardinal.
Elemento agua.
Energía magnética negativa.
Género femenino.
Planeta la luna.

LEO

Nadie sabe lo que tiene hasta que lo ve perdido, y Leo es uno de los signos más dotados del zodiaco, al que se le ha dado luz, brillo, gracia, porte, fuerza y don de mando, con una buena dosis de riqueza material, golpe de suerte, fortuna o herencia, por lo que solo tiene que administrar lo recibido para llevar una vida más o menos cómoda y a veces regalada.

Sin embargo, como todo rico nuevo, no es raro que Leo dilapide su fortuna y que se gaste dos o tres herencias sin sacarles el beneficio que contienen.

Por supuesto que sabe luchar y cazar, y lucha.

Que es noble y leal.

Que tiene un gran corazón.

Que no le falta carisma.

Pero en un momento de ira, arranque de celos, momento de envidia o instante de furia puede echarlo a perder todo y caer en el conflicto más desagradable.

Nacer para mandar es difícil cuando los demás no nacieron para obedecer, y la lucha de egos no distingue amores ni familiares queridos.

Aprende a mandar sobre ti mismo y sabrás mandar sobre los demás.

A eso vino Leo, a superar su propio ego, una tarea nada fácil pero no imposible.

Leo debe tomar consciencia de que se le han dado las herramientas necesarias para cumplir con su cometido en la vida.

La realeza natural del león.

Cruz fija.
Elemento fuego.
Energía eléctrica positiva.
Género masculino.
Planeta el Sol.

VIRGO

Fuerza y fragilidad en una misma hermosa botella plena de poesía y libertad de pensamientos y sentimientos, donde las contradicciones son más habituales de lo que parece, y las sociopatías se enfrentan constantemente con la castidad y la pureza.

Las obsesiones, más que las perfecciones, están a la orden del día, y de la prisión terrenal al Nirvana hay un solo paso, con el agravante que todo se hace desde un segundo plano y con cuidado de no romper la cristalería de lo social.

Virgo es como un dios infantil, capaz de lo más sublime y hermoso y de lo más terrible y cruel, pues de entrada no tiene verdadera conciencia ni consciencia de lo que representan el bien y el mal en este planeta, y se le hace tan fácil construir un hermoso castillo como derrumbar un universo entero.

Su misión en la vida es llenar de poesía el cosmos entero, llevando la ingenuidad y el pensamiento positivo ahí donde vaya, aunque, por supuesto, debe empezar por sí mismo y dejar de juzgarse y juzgar a los demás de la manera cínica y fría como suele hacerlo.

Está a un solo paso del verdadero pensamiento crítico, ese que tanto aplaude la ciencia, pero le cuesta mucho trabajo de humildad darlo.

Virgo debe tomar consciencia plena de que se le han dado las herramientas necesarias para cumplir con su cometido en la vida.

La bella poética de la doncella.

Cruz mutable.
Elemento tierra.
Energía magnética positiva.
Género femenino.
Planeta Mercurio.

LIBRA

La misión clásica de Libra en este mundo es llenar el Cosmos de belleza, con flores, platos, armonía, palabras, música, justicia, amor y hasta con su presencia, pues no son pocas las personas Libra que cuentan con una belleza física importante que deslumbra e impresiona a los demás.

Lo curioso de esta belleza física es que a menudo la persona bella no se siente nada a gusto derrochando atractivo por el mundo entero, sino todo lo contrario, y esa belleza le trae miedos, inseguridades, frigidez y problemas relacionales.

Hay quien es tan bello que aleja a los demás, o quien es tan hermosa que no encuentra pareja, ya que despierta celos y envidia entre quienes le rodean.

Por supuesto, no todas las personas Libra son un portento de belleza, aunque sí casi todas son inseguras e indecisas, capaces de amar y de odiar gratuitamente, por ejemplo, de amar a quienes no las quieren, y de odiar a quienes no les han hecho absolutamente nada.

Influenciables que intentan influenciar, iracundos cuando hay demasiada calma, y con los nervios a flor de piel en una procesión que va siempre por dentro.

Y, a pesar de todo, capaces de ayudar a cualquiera en un momento dado, quitándose la camisa y entregando absolutamente todo por los demás.

Libra debe tomar plena consciencia de que se le han dado las herramientas de armonía y equilibrio necesarias para cumplir con su cometido en la vida.

El fiel de la balanza mantiene el equilibrio siempre.

Cruz cardinal.
Elemento aire.
Energía eléctrica negativa.
Género masculino.
Planeta Venus.

ESCORPIO

Se podría decir, sin temor a dudas, que Escorpio es el signo más mindfulness del zodiaco, porque tiene la capacidad de concentración, la atención plena a lo que le interesa, la fuerza de voluntad para llevar a cabo sus metas, la tenacidad y hasta la sangre guerrera para superar los obstáculos que le vayan saliendo al paso, además de una discreción a prueba de bombas, sobre todo entre las féminas del signo.

Los señores de Escorpio son soldados naturales, pero su fantasía, sobre todo la sexual, suele traicionarlos y llevarlos a creer en sus propias mentiras, pero aun así pueden tener salidas heroicas y al final sacar nobleza de la flaqueza.

La química suele ser uno de sus dones, junto con una gran intuición y una capacidad creativa enorme, con lo que la magia y la alquimia tampoco se le niega; mientras que, por otra parte, las mujeres Escorpio son maestras por naturaleza y viven apegadas al mundo infantil durante varias décadas.

Mientras más grande, menos tóxico.

No hay que olvidar que a Escorpio le atrae especialmente el peligro, incluso si parece que no rompe ni un plato, por lo que puede dar una sorpresa de muerte a los que le rodean en el momento menos esperado.

La riqueza de su mundo interior es de otra dimensión, y ha venido a este mundo a abrir las puertas entre el más allá y el más acá.

Escorpio debe concentrarse y tomar consciencia plena de que se le han dado las herramientas necesarias para cumplir con su cometido en la vida.

Cruz fija.
Elemento agua.
Energía magnética negativa.
Género femenino.
El puente entre la vida y la muerte.
Planeta Plutón.

SAGITARIO

Como buen signo mutable y, por tanto, alma joven, Sagitario es capaz de tocar los más diversos palos de la existencia, y ser desde un aventurero y viajero de mochila incansable hasta un juez justo y severo o un sacerdote con toda la barba, sin dejar de probar con las empresas, los idiomas y las leyes.

Mitad bestia y mitad hombre, el centauro que lo representa puede caer en lo más bajo o elevarse a lo más alto, en lo más salvaje y natural, o en lo más sublime y espiritual, con el peligro siempre de poder en el más necio de los fanatismos.

Generoso y expansivo, también puede ser la persona más tacaña del mundo y creer que es mérito suyo la colaboración desinteresada de quienes le rodean, por lo que puede volverse rico o pobre de la noche a la mañana.

Dentro de Sagitario brilla la luz de la fe, que no de la religión, y una de sus obligaciones en este mundo es darle cauce a dicha luz, ya sea a través de la enseñanza o de la empresa.

Cuenta, además, con la visión de futuro y la capacidad de adelantarse a los acontecimientos, superando sus propios temores, que no son pocos.

En la medida que ayudas a los demás, te ayudas a ti mismo, así que no seas tacaño con tu destino.

Sagitario debe tomar perfecta consciencia de que se le han dado las herramientas necesarias para cumplir con su cometido en la vida.

Centauro, mitad hombre, mitad bestia.

Cruz mutable.
Elemento fuego.
Energía eléctrica positiva.
Género masculino.
Planeta Júpiter.

CAPRICORNIO

Lo importante no es llegar, sino mantenerse, e incluso ir un poco más allá y buscar nuevos derroteros una vez que se ha alcanzado la cima.

Despreciar lo fácil no mejora lo difícil, pero sí lo hace más interesante, al menos mientras se está en la lucha y en la búsqueda por conseguir lo que se desea.

Lo que tienen los demás no siempre es lo que se consigue, y lo que a menudo parece una sólida verdad o realidad no es más que una convención entre integrantes de un mismo grupo social.

La tendencia de Capricornio es ascender, siempre ascender, y jamás conformarse con poco o con lo que se ha logrado; sin embargo, este eterno ascenso puede ser más ilusorio que real, pues la verdad es que la vida no puede ofrecer hacer realidad las fantasías y sueños que atesoramos como ciertos, y en más de una ocasión vale más un instante de paz y de armonía que todos los retos y las metas del mundo.

Quien se conquista a sí mismo no necesita demostrar nada a nadie, ni conquistar lo que se supone que debe conquistar para recibir la fama y la gloria de este mundo.

La misión de Capricornio es, precisamente, conquistarse a sí mismo y darse cuenta de lo fútil que puede ser la existencia, y lo vacía que puede estar un alma, a pesar de haber alcanzado lo más elevado del sistema.

Dichoso del Capricornio que conquista la sencillez, la humildad y la frugalidad de la existencia, pues ha llegado a lo más alto de sí mismo.

Capricornio tiene muchas responsabilidades en este mundo, por lo que debe tomar total consciencia de que se le han dado las herramientas necesarias para cumplir con su cometido en la vida.

Señor de las alturas.

Cruz cardinal.
Elemento tierra.
Energía telúrica magnética positiva.
Género femenino.
Planeta Saturno.

ACUARIO

Solo hay dos signos humanos en el zodiaco occidental, Acuario y Virgo, porque Géminis en realidad son las Dos Columnas del Templo.

Esto no quiere decir que sea mejor que los demás, aunque durante buena parte de su vida así lo creerá, sino que es algo diferente a otros seres humanos, ni mejor ni peor, diferente, desde rijoso y revolucionario, muy inteligente desde la infancia, hasta apático, hosco y difícil de tratar durante su juventud, para acabar siendo un dulce anciano que finalmente cede a su propio corazón, grande, humano, empático y comprensivo.

Ellas pueden ser un verdadero sargento, y grandes bailarinas o científicas y estudiosas, madres ejemplares y hasta reinas perdidas en la mediocridad de la vida, donde brillan aun sin proponérselo.

Más vale encender una lámpara
que gritar en la oscuridad.

Aunque no lo parezca, Acuario ha venido a este mundo a trabajar y a pensar, a descubrir y a destapar, haciendo la revolución si hace falta, o echando mano de un curioso sentido del humor, porque también a eso ha venido a este mundo: a revolucionar su entorno y su ser interno, todo en aras de mejorar día a día este mundo y esta humanidad a la que a veces le cuesta progresar, pero que progresa.

Acuario es pensamiento puro, por lo que debe tomar plena consciencia de que se le han dado las herramientas necesarias para cumplir con su cometido en la vida, sin huir de sus responsabilidades.

Cruz fija.
Elemento aire.
Energía nuclear negativa.
Género masculino.
Planeta Urano.

PISCIS

Para el mindfulness, Piscis es la concreción de todos y de todo, incluso el Mesías o el Cristo Cósmico, lo más profundo de la humanidad y el bebé que renace constantemente para darle una esperanza al mundo.

Como signo de agua, y al igual que Cáncer y Escorpio, Piscis ha venido a sufrir, pero también a crear las más elevadas obras de arte y a acometer las más grandes y faraónicas empresas.

Por supuesto, ha venido a amar y a cuidar de los menesterosos, los pobres, los drogadictos, los enfermos, los desahuciados, los abandonados y a guiar a los que en realidad no tienen nada aunque parezca que lo tienen todo.

Alegrar la vida de los demás con un simple gesto es suficiente para que Piscis cumpla con su cometido existencial, algo que debe practicar en sí mismo y para sí mismo, pues curándose a sí mismo sabrá curar a los demás.

Piscis debe tomar consciencia profunda de que se le han dado las herramientas necesarias para cumplir con su cometido en la vida.

El más débil y sensible de tus hijos puede ser el más fiero de tus guerreros.

Del fondo del mar a las puertas del cielo.

Cruz mutable.
Elemento agua.
Energía oceánica negativa.
Género masculino.
Planeta Neptuno.

HORÓSCOPO CHINO Y MINDFULNESS

Teniendo una escuela como la de Confucio, una religión del todo laica que le dice al pueblo claramente que debe tomar plena consciencia de servir y obedecer, casarse, tener hijos y cuidar y respetar a los ancianos; mientras que a los señores ricos y poderosos se les dice que deben tomar plena consciencia de mandar y organizar, de proteger y defender, no es de extrañar que cada signo de su horóscopo tenga un indicación muy clara y directa de cuál es su papel en este mundo.

RATA
Plena consciencia de astucia y sabiduría.

BUEY
Plena consciencia del puente entre la vida y el más allá.

TIGRE
Plena consciencia de la autonomía y la independencia.

CONEJO
Plena consciencia del placer y la abundancia.

DRAGÓN
Plena consciencia del bienestar y la fortuna.

SERPIENTE
Plena consciencia del esfuerzo cotidiano.

CABALLO
Plena consciencia de la vida compartida.

CABRA
Plena consciencia de la bohemia y el arte.

MONO
Plena consciencia del teatro y del servicio.

GALLO
Plena consciencia del yo del ego.

PERRO
Plena consciencia de la fidelidad y la lealtad.

CERDO
Plena consciencia de la ciencia (química).

La plena consciencia no tienen por qué ser rebuscada ni compleja, porque siendo simple, sencilla y directa funciona mucho mejor.

Ten plena consciencia de ti mismo y no te compliques la existencia.

La consciencia plena sana, como veremos en el próximo capítulo, de forma sencilla y directa, todo depende de dónde enfocamos el poder de la mente, del cuerpo y del alma.

V
CONTEXTUALIZAR,
MINDFULNESS TERAPÉUTICO

No se puede nadar
si no hay agua suficiente
para hacerlo:
toma plena consciencia
de cuál es tu terreno.
T'SAO CHAN

No vivimos en un mundo perfecto e idílico y hay que aceptarlo tal como es, y movernos en los planos que en él existen por cuestiones prácticas y pragmáticas, aunque, por supuesto, también hay lugar para las personas rebeldes o idealistas que no están de acuerdo con lo que sucede humanamente en nuestro planeta.

Todo lo que desconocemos, que no es poco, nos pasa desapercibido, y muchas veces tampoco lo queremos conocer porque nos da miedo o porque escapa de eso que consideramos real y cierto, pues así nos lo han enseñado.

Vemos con simpatía a los policías y los gánsteres de televisión, e incluso los admiramos como héroes, pero nos da pánico tenerlos al lado en la vida real.

De esta extraña manera nos creamos filias y fobias sobre las personas y eventos que nos rodean, blandiendo nuestros prejuicios y contradicciones por delante.

En el mindfulness hay lugar para todos, porque todos y cada uno de nosotros podemos tomar consciencia de nosotros mismos, centrar plenamente el pensamiento, y actuar en consecuencia o por nuestros propios ideales o intereses.

Si el mindfulness le ha servido a soldados que se preparan para la guerra, también puede servirle a los pacifistas que no están de acuerdo con las atrocidades de los conflictos bélicos.

El creyente, en la religión que fuere, puede seguir siendo creyente, incluso puede ser más esotérico y dedicarse mejor a su fe al mirarla desde otro punto de vista.

El gnóstico quizá reafirme sus convicciones, mientras que el ateo o el nihilista no tiene por qué perder su forma de ser y de estar en este planeta.

En sus orígenes, el Vipassana tenía fuentes y especulaciones religiosas, pero con Buda pasó a ser más una filosofía de vida que una creencia vinculada a los devas y a las divinidades, y actualmente sigue distintos rumbos, tanto terapéuticos como psicológicos o del todo comerciales, profesionales o mundanos. Con el mindfulness sucede lo mismo, la diferencia es que sus ejercicios son para ahora mismo y estés donde estés, invirtiendo entre 7 y 14 minutos:

SACRO

Deja todo lo que estés haciendo.
Estírate.
Relájate.
Siéntate en un lugar cómodo.

No te acuestes.

Toma consciencia de tu respiración.

Siente cómo penetra el aire en la base de tu cuerpo

Ten una actitud positiva de superación y sanación.

Pon atención plena en la base de tu cuerpo, el sacro, el coxis y el perineo.

No te distraigas con nadie ni con nada.

Mantén la concentración.

Si te distraes, vuelve a empezar de nuevo paso por paso.

La plena consciencia en el sacro mejora todo lo que se encuentra en su zona de influencia:

- Evita problemas de lumbares.

- Corrige la posición de la columna vertebral de base.

- Reduce dolores y mejora la circulación sanguínea de las piernas.

- Equilibra las caderas.

- Mejora la posición de la pelvis.

- Abre los canales de las gónadas sexuales.

- Favorece el desarrollo genital.

- Mejora las funciones sexuales.

- Favorece los partos.

- Fortalece los glúteos.

- Evita infecciones urinarias y previene contra enfermedades venéreas.

- Da fuerza y equilibrio a todo el organismo.

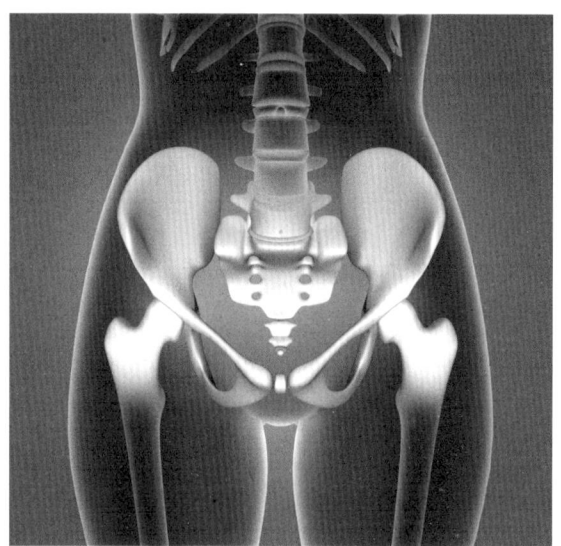

El pensamiento en el sacro.

RIÑONES Y OMBLIGO
Deja todo lo que estés haciendo.
Estírate.
Relájate.
Siéntate en un lugar cómodo.
No te acuestes.
Toma consciencia de tu respiración.
Ten una actitud positiva de superación y sanación.
Pon atención plena en tus riñones y en tu ombligo.
No te distraigas con nadie ni con nada.

Mantén la concentración.

Si te distraes, vuelve a empezar de nuevo paso por paso.

Tomar plena consciencia del ombligo y de los riñones favorece la salud de toda su área de influencia:

- Evita cálculos y arenillas en los riñones y en las vías urinarias.

- Favorece las funciones sexuales.

- Aumenta la libido.

- Favorece la fertilidad masculina y femenina.

- Aumenta la potencia física.

- Mejora el estado del pelo y de la piel.

- Relaja.

- Rejuvenece.

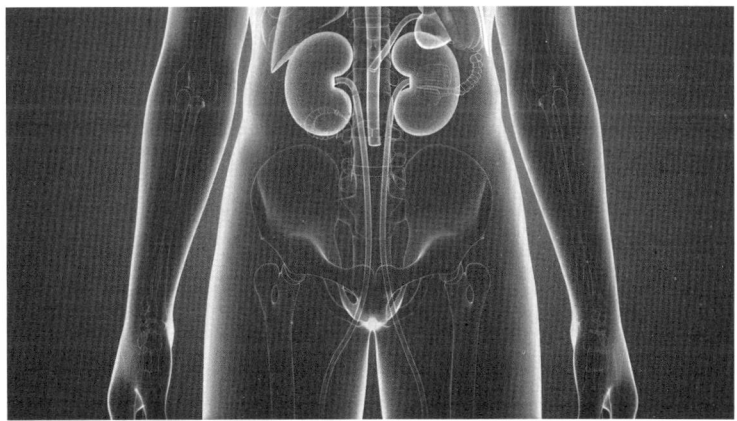

Los riñones, la fuente de la juventud.

- Evita los estados de ira, bilis y violencia.

- Favorece la depuración orgánica.

- Mejora el rendimiento en los deportes.

- Limpia y depura la sangre.

- Aumenta la masa muscular.

- Favorece al sistema óseo y protege las articulaciones.

- Embellece por dentro y por fuera.

- Equilibra las dorsales y da fuerza a la columna vertebral.

BOCA DEL ESTÓMAGO Y ESTERNÓN

Deja todo lo estés haciendo.
Estírate.
Relájate.
Siéntate en un lugar cómodo.
No te acuestes.
Toma consciencia de tu respiración.
Ten una actitud positiva de superación y sanación.
Pon atención plena en tu esternón o boca del estómago.
No te distraigas con nadie ni con nada.
Mantén la concentración.
Si te distraes, vuelve a empezar de nuevo paso por paso.
Centrar positivamente el pensamiento en el es-

ternón abre las puertas de la fortuna y del equilibrio del ego:

- Favorece las funciones estomacales.

- Mejora la digestión y evita problemas intestinales.

- Mejora la circulación sanguínea en el tronco, costillas y dorsales.

- Abre los pulmones.

- Eleva la sensibilidad orgánica.

- Favorece la intuición.

- Abre la mente y la mantiene más observadora y crítica.

- Mejora la memoria.

- Mejora la capacidad de comprensión y estudio.

- Favorece la creatividad.

- Mejora el estado de ánimo y lo hace más alegre y positivo.

- Despierta al ser que llevamos dentro.

- Ayuda a tomar consciencia de ser y de estar en este mundo.

- Libera del ego.

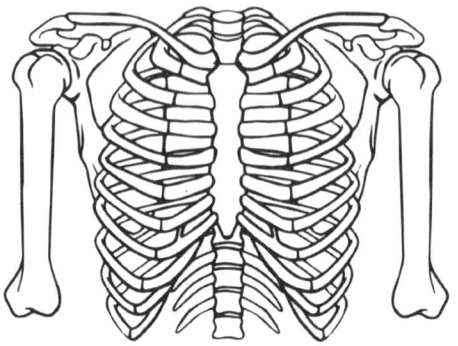

Esternón, el protector del corazón.

- Mejora la empatía.

- Eleva los sentimientos.

- Abre la brecha de la generosidad.

- Eleva los sentidos y abre la mente.

- Mejora la visión.

- Favorece al sistema cardiovascular.

- Fortalece al organismo entero.

CORAZÓN Y GLÁNDULA TIMO
Deja todo lo estés haciendo.
Estírate.
Relájate.
Siéntate en un lugar cómodo.

No te acuestes.

Toma consciencia de tu respiración.

Ten una actitud positiva de superación y sanación.

Pon atención plena en tu corazón y hacia tu clavícula izquierda, que es donde se encuentra la glándula timo.

No te distraigas con nadie ni con nada.

Mantén la concentración.

Si te distraes, vuelve a empezar de nuevo paso por paso.

Junto con el esternón, el timo y el corazón son la base de la vida humana, por lo que tener consciencia plena de su presencia nos mantiene sanos y vivos:

- Mejora las funciones respiratorias.

- Protege contra todo tipo de enfermedades respiratorias.

- Evita infartos.

- Regula el ritmo cardíaco.

- Depura la sangre y fortalece los músculos.

- Mejora la calidad emocional y sentimental.

- Inhibe los malos pensamientos y las malas acciones.

- Abre las puertas de la generosidad.

- Evita úlceras estomacales.

- Protege el esófago.

- Fortalece la espalda y los hombros.

- Mejora la actitud ante la vida.

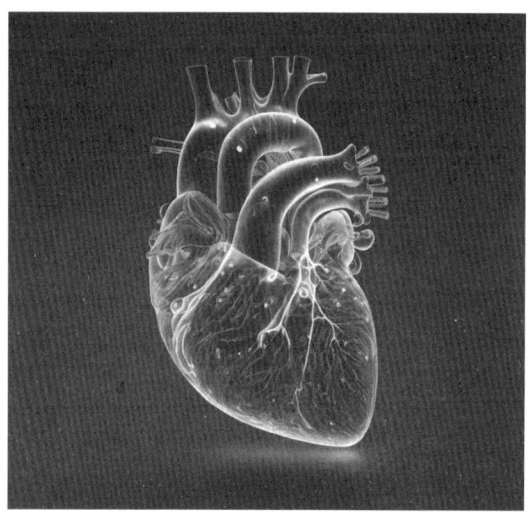

La fuerza del corazón.

- Favorece los procesos vitales de mente, cuerpo y alma.

- Mantiene bien alimentado al organismo entero vía sanguínea.

- Evita inflamaciones.

- Protege contra todo tipo de infecciones.

- Por supuesto, abre las puertas del amor, la amistad y la familia.

- Favorece los procesos vitales en la senectud.

GARGANTA Y GLÁNDULA TIROIDES

Deja todo lo estés haciendo.

Estírate.

Relájate.

Siéntate en un lugar cómodo.

No te acuestes.

Toma consciencia de tu respiración.

Ten una actitud positiva de superación y sanación.

Pon atención plena en tu garganta y en la tiroides.

No te distraigas con nadie ni con nada.

Mantén la concentración.

Si te distraes, vuelve a empezar de nuevo paso por paso.

La plena consciencia en la garganta no solo te sanará, sino que te hará decir y entender lo que no habías dicho ni entendido nunca:

- Favorece el funcionamiento de las glándulas tiroides y paratiroideas.

- Favorece el crecimiento y el desarrollo del organismo entero.

- Ayuda a la correcta absorción de las sales minerales de yodo.

- Protege contra infartos de miocardio.

- Destapa y depura los conductos orgánicos.

- Fortalece el cuello y las vértebras cervicales que lo sustentan, sanando de paso a la espalda.

- Afina y da potencia a la voz.

- Abre el entendimiento y favorece el conocimiento científico, tecnológico y hasta filosófico.

- Da solidez al cuerpo entero, además de atractivo y belleza.

- Previene contra adicciones y regula el metabolismo.

- Mejora incluso las finanzas, al mantener a la mente despierta.

- Mejora el sentido del color y las proporciones.

- Favorece la expresión hablada y escrita.

- Protege huesos y articulaciones.

- Da sabiduría y madurez.

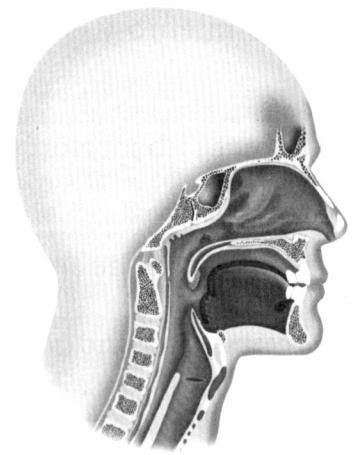

La potencia de la garganta.

NARIZ Y SENOS NASALES

Deja todo lo estés haciendo.

Estírate.

Relájate.

Siéntate en un lugar cómodo.

No te acuestes.

Toma consciencia de tu respiración.

Ten una actitud positiva de superación y sanación.

Pon atención plena en la punta de tu nariz y en tus fosas nasales.

No te distraigas con nadie ni con nada.

Mantén la concentración.

Si te distraes, vuelve a empezar de nuevo paso por paso.

Tener plena consciencia de la nariz es tanto como tener plena consciencia de la respiración, con lo que el prana sagrado de Brahma llega a todas y cada una de las partes del organismo:

- Quema y depura los tóxicos externos.

- Vitaliza y revitaliza al organismo entero.

- Protege contra todo tipo de infecciones y bacterias.

- Eleva el poder de la sangre y alimenta al organismo entero.

- Favorece el equilibrio orgánico.

- Sana toda clase de dolores y previene todo tipo de enfermedades.

- Abre la mente y la mantiene despierta.

- Ayuda a proyectar alma, mente y pensamiento.

- Mejora las funciones emocionales y sentimentales.

- Centra y equilibra las pasiones y los sentimientos.

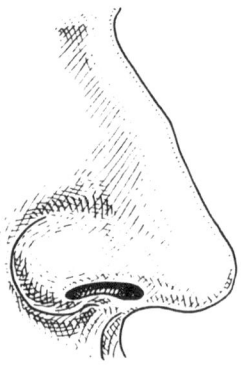

La nariz, la puerta de entrada del sagrado prana.

- Da fuerza y energía al organismo entero.

- Favorece la visión y la audición.

- Centra la mente y abre las puertas del entendimiento.

- Retrasa los achaques propios de la vejez.

FRENTE, PITUITARIA O TERCER OJO
Deja todo lo estés haciendo.

Estírate.

Relájate.

Siéntate en un lugar cómodo.

No te acuestes.

Toma consciencia de tu respiración.

Ten una actitud positiva de superación y sanación.

Pon atención plena en el entrecejo, pituitaria o tercer ojo.

No te distraigas con nadie ni con nada.

Mantén la concentración.

Si te distraes, vuelve a empezar de nuevo paso por paso.

El tercer ojo es el punto pleno del mindfulness.

Tomar plena consciencia del tercer ojo es tomar la plena consciencia del todo, pues incide en todo el ser humano y en el universo entero:

- Mejora la visión física, mental y anímica.

- Convierte las ideas y los sueños en realidad.

- Abre las puertas del espíritu.

- Fortalece al organismo entero.

- Abre las puertas del alma, la mente y el corazón.

- Es la puerta de la sabiduría.

- Fortalece todos los tejidos del cuerpo y del alma.

- Centra la plena atención en el cosmos entero.

- Libera de todo tipo de ataduras.

- Favorece los cambios.

- Acerca a la verdad.

El ojo que todo lo ve y todo lo crea.

- Abre las puertas de la visión.

- Supera los límites de la simple imaginación.

- Depura el cerebro, la mente, las emociones y los sentidos.

- Da las pautas de nuevos mundos.

- Traspasa fronteras.

- Crea realidades.

CORONILLA

Deja todo lo estés haciendo.

Estírate.

Relájate.

Siéntate en un lugar cómodo.

No te acuestes.

Toma consciencia de tu respiración.

Ten una actitud positiva de superación y sanación.

Pon atención plena en la coronilla, la parte superior de la cabeza.

No te distraigas con nadie ni con nada.

Mantén la concentración y la consciencia de tu respiración.

Si te distraes, vuelve a empezar de nuevo paso por paso.

Con ello mejorarás los procesos relacionados con estas áreas de tu ser:

Los monjes tienen en gran aprecio su coronilla.

- Mejora la conectividad neuronal.

- Sensibiliza a los "cinco sentidos", aunque son muchos más los que se despiertan y afinan.

- Reducirás el estrés.

- Serás más creativo y productivo.

- Bajarás los niveles de miedo e inseguridad.

- Elevarás tu espiritualidad.

- Estarás más seguro de lo que sabes, haces y produces.

- Evitarás problemas mentales y derrames cerebrales.

- Reducirás la presión sanguínea y con ello las migrañas, cefaleas y dolores de cabeza.

- No tendrás el molesto insomnio recurrente y dormirás mucho mejor sin esas molestas preocupaciones, pues en tu cerebro todo estará en calma.

- Pensarás mejor y desde otra perspectiva, con más claridad y con menos obsesiones.

El mindfulness cura, y para ello solo hace falta tener plena consciencia de cada parte energética de nuestro cuerpo.

La salud, como muchas otras cosas de esta vida, a menudo no es más que una convención, un ponerse de acuerdo, un moralizar el estado del organismo como si fuera un error o un pecado estar enfermo, en lugar de estar experimentando un proceso vital.

Tener clara consciencia de lo que en realidad es eso que llamamos enfermedad puede salvar vidas y evitar muchos dolores de cabeza, gastos innecesarios y sufrimientos, con la suerte de que además se puede contar con la ayuda de buenos profesionales, médicos y terapeutas, que aunque son pocos, los hay de verdad.

¿Por qué vivir mal, enfermos y con dolor?

¿Por un poco de atención o de afecto?

No hace falta, porque es mejor poner plena atención en nuestro cuerpo y darnos todo el afecto que necesitamos, sin depender de nada ni de nadie.

El mindfulness nos dice que la enfermedad puede ser real del todo, por supuesto, pero el nivel de dependencia y sufrimiento que le otorgamos se lo damos nosotros y nadie más que nosotros.

¿Hasta dónde se puede realmente centrar el pensamiento?

VI
Centrarse
Y CONCENTRAR EL PENSAMIENTO

Le quedó la mente
tan profundamente en blanco,
que ya no supo regresar
al mundo de los pensamientos.
H.P. Lovecraft

¿Se puede poner la mente en blanco?
Realmente en blanco.
Sin el menor atisbo de pensamiento.
Totalmente en blanco.
Sin nada.
Ni sonido ni color.
Ni brumas de silencio atronador.
Sin paradojas ni juegos.
En blanco, completamente en blanco.
Unos dicen que sí.
Otros dicen que no.

Incluso hay quien asegura que no solo no se puede, sino que no se debe, que es peligroso y nada constructivo.

Poner la mente del todo en blanco, según esta corriente de pensamiento, es caminar hacia la locura, es perderse, es caer fuera de cualquier referente.

Desde los tiempos milenarios del Vipassana la

idea de poner la mente en blanco es un riesgo, algo que solo pueden hacer los espíritus realmente elevados, o los que de alguna manera han alcanzado un estado de consciencia donde lo ven todo con tal claridad, que dejar la mente en blanco y ausente de todo pensamiento y prejuicio es algo de lo más natural.

Hay personas que viven ausentes de este mundo, a las que no les impresionan ni los pensamientos ni los sentimientos ajenos, ni les hieren las ofensas ni las alabanzas les alimentan la vanidad.

Más que superiores, esas personas y esas mentes son diferentes y pueden pasar por cínicas y frías, o por sabias y entendidas, pues no están atadas a nadie ni a nada. La riqueza material les tiene sin cuidado, lo mismo que la ausencia de cualquier tipo de posesión.

La nada y la mente en blanco.

Son pocas esas personas, y pueden poner la mente en blanco en cualquier momento porque en cierta manera ya llevan la frente bastante limpia de todo pensamiento y sentimiento que consideramos tan humanos.

El resto de los mortales rara vez ponen la mente en blanco, porque siempre hay alguna distracción, pensamiento, preocupación o idea que ronda por su cerebro.

¿CÓMO PONER LA MENTE EN BLANCO?

Muy fácil, diría el Maestro Wang, simplemente dejando a la mente en paz y a solas, el resto viene solo.

Forzar las cosas no sirve de nada y aumenta los pensamientos en una mente que debería estar vacía.

Soledad y vacío no forzados sería la respuesta.

Pero para ello no hay que temer a la soledad ni sufrir por el vacío.

La consciencia plena es plena inconsciencia.

Lao Tse señala que la nada es el todo, tanto y de tal manera que donde hay plenitud no hay exactamente nada.

Allan Watts, en su *Plenitud del vacío*, nos acerca al concepto de poner la mente en blanco aceptando nuestros propios vacíos existenciales en lugar de querer llenarlos con amor, sabiduría o pensamientos.

La naturaleza odia el vacío, señala Aristóteles, así que se encarga de llenar cualquier hueco que vayamos dejando.

Para Aristóteles, por supuesto, la mente nunca se puede quedar vacía del todo, mientras que para Watts sí se puede, y ese vacío, siguiendo a Lao Tse, termina convirtiéndose en el todo.

La paradoja es que el todo es la nada y la nada

es el todo, por lo que el pensamiento más lleno suele estar vacío, y el pensamiento más vacío suele ser el más diáfano y pleno.

EL PENSAMIENTO DEL NO PENSAMIENTO

Se puede dejar de pensar y entrar en un total estado de inconsciencia, ya sea respirando hasta hiperventilarse, ingiriendo ciertos psicotrópicos o alcoholes, o incluso recibiendo un fuerte golpe en la cabeza.

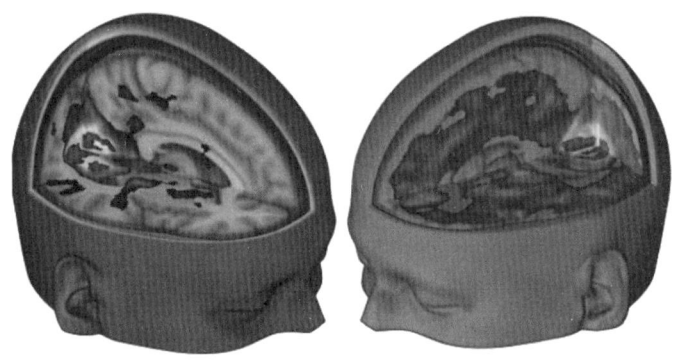

La alteración de la consciencia.

Centrar el pensamiento en esa nada oscura y sin memoria no es tarea fácil, porque el olvido es su principal divisa, y los estados alterados de consciencia rara vez nos son útiles para la vida cotidiana, con el agravante de que incluso nos pueden alejar de la realidad.

Experimentar con ayahuasca o LSD, alcohol o marihuana, puede ser una manera de mindfulness, pero que se quedó sin respuestas en los años sesenta del siglo XX, y que no mejoró a sus practicantes, al menos no en sentido práctico, aunque algunos sí lograron cambiar la oficina por el campo, lo mismo que hace actualmente el mindfulness con la mente de alguno de sus seguidores.

Se cambia el campo por la ciudad, y la granja por la oficina, pero no se eleva realmente el pensamiento ni el espíritu.

La felicidad está en el ser, no en el escenario.

Se lleva una vida aparentemente más sana y alejada del mundo, demonio y carne, pero no se adelanta necesariamente en un mejor estado de consciencia.

Ser campesino no está nada mal, pero no es mejor ni superior a ser urbano, porque lo importante es alcanzar la felicidad en donde sea, el campo o la ciudad, y no esperar que cambiando de escenario se va a cambiar realmente de vida.

Las angustias del campesino pueden ser tan estresantes como las del oficinista o como las del emprendedor urbano.

Lo curioso es que el campesino sueña con la ciudad, y el urbanita sueña con el campo.

El estrés de la cosecha no es mejor que el estrés de cobrar a fin de mes, porque lo mejor es no padecer ningún tipo de estrés, angustia, obsesión o depresión: estar sano y feliz es el fin, y se puede serlo en cualquier parte del mundo siempre y cuando se tenga plena consciencia de uno mismo y de lo que lo rodea.

Para el mindfulness se puede meditar, tener plena consciencia y ser feliz en cualquier parte del mundo.

MEDITAR EN LA NADA

Hay a quienes les da miedo meditar en la nada, o con la nada, pues tiene cierto parecido con los estados de muerte o del más allá, pero en realidad no pasa nada, es simple miedo lo que hace que algunos prefieran las meditaciones "ruidosas" dirigidas por un guía o terapeuta; algo que a veces es necesario, pero que limita la meditación y no ayuda a liberarse de las ataduras de la vida cotidiana, aunque es un poco de caldo de pollo para el alma.

Toma un respiro.

Relájate.

Ponte cómodo.

Respira suavemente.

Estira tus miembros.

Siéntate.

Entorna los ojos.

Imagina que te rodea un gran espacio en blanco donde no hay absolutamente nada, si acaso tú mismo, nadie más.

No pienses en nada.

Déjate llevar por el vacío.

No hay ruidos.

La luz no proviene de un foco determinado.

Eres el todo con el todo, fundido en el universo y a la vez el universo entero.

Eres luz, sin nombre ni apariencia, ni destino ni procedencia, simplemente eres.

Deja que pase el tiempo, que tampoco existe.

Respira hondo.

Despega.

Vuela.

Cuando todo sea luz, vuelve, despierta.

EL PUNTO DE ANCLAJE

La meditación personal, para que no dé miedo, puede hacerse con un punto de anclaje, el famoso cordón de plata que une al cuerpo físico con el alma:

Toma un respiro.

Relájate.

Ponte cómodo.

Respira suavemente.

Estira tus miembros.

Siéntate.

Entorna los ojos.

Centra el pensamiento en el ombligo hasta que sientas un pequeño vórtice o vacío.

Proyecta mentalmente un cordón de plata que una a tu cuerpo físico con tu alma.

También puedes imaginar una esfera de cristal que te protege.

Centra tu pensamiento en tu destino en este mundo.

Viaja hacia el origen de tu ser.

Eleva tus pensamientos.

Observa, no juzgues a nada ni a nadie.

Acepta lo que ves y lo que sientes.

Centra tu pensamiento en una meta concreta.

Pregunta a tu ser interno si realmente quiere ir hacia ella.

Sé sincero contigo mismo.

No desees por desear.

No desees por competir.

Te lo mereces absolutamente todo, pero no debes convertirlo en una atadura.

Habla contigo mismo.

Relájate.

Respira hondo.

Vuelve.

Baja de tu nave.

Suelta el cordón de plata.

Respira hondo.

Despierta.

Toda meditación debe ir acompañada de una acción congruente, incluso si no se medita con un propósito determinado.

MEDITACIÓN SIN PALABRAS

Toma un respiro.

Relájate.

Ponte cómodo.

Respira suavemente.

Estira tus miembros.

Siéntate.

Entorna los ojos.

Piensa en un mundo sin palabras.

Solo hay imágenes.

Imágenes que no tienen nombre, pero que reconoces perfectamente.

Puedes verte en un espejo y reconocerte, pero no tienes nombre, simplemente eres.

Recuerda que todos los nombres son arbitrarios, y que los seres y las cosas son algo más que las palabras que utilizamos para nombrarlos.

Libera tu mente.

Libera las cosas que te rodean.

Supera tus prejuicios.

Medita en la verdadera naturaleza de las cosas.

Repite esta meditación por lo menos una vez a la semana, y verás el mundo desde otra perspectiva mucho más libre y más sana.

VII
EJERCICIOS PARA LA PLENA CONSCIENCIA

La vida, como sensación
o como estado de consciencia,
puede ser tan breve como un suspiro
o tan larga como la eternidad entera.

MAESTRO WANG

Sirva el presente y breve capítulo para realizar diez ejercicios de plena consciencia, los cuales van desde el cero y culminan en el noveno, cada uno con un significado específico, donde no hay que buscar nada porque todo está dado desde antes de nuestro nacimiento y seguirá ahí después de nuestra muerte.

Toda meditación tiene sentido solo en sí misma, nada más, por lo que no hay que esperar ni desear nada al realizarla.

CERO
Aléjate de toda distracción y ruido,
Relájate.
Ponte cómodo.
Respira intensa, pero suavemente.
Estira tus miembros.
Siéntate.

Entorna los ojos poco a poco.
Ciérralos y piensa en el número cero.
Solo y únicamente en el número cero:

- El todo y la nada.
- El valor.
- La audacia.
- El arrojo.
- El salto.
- El cambio radical.
- La consciencia de ser y estar.
- Aquí y ahora.
- El inicio.
- La plenitud del vacío.
- El que lo contiene todo.
- El nacimiento.
- La creación.

UNO

Aléjate de toda distracción y ruido,
Relájate.
Ponte cómodo.
Respira intensa, pero suavemente.
Estira tus miembros.
Siéntate.
Entorna los ojos poco a poco.
Ciérralos y piensa en el número uno.
Solo y únicamente en el número uno:

- Poder.
- Realización.
- Acción.
- Cometido.
- Causa.
- Sentido.

- Lo primero y el primero.
- Dirección.
- Liderazgo.
- Resolución.
- Consecución.
- Distribución.
- Triunfo.
- Totalidad.
- Gobierno.
- Mando.
- Prestigio.

Dos

Aléjate de toda distracción y ruido.
Relájate.
Ponte cómodo.
Respira intensa, pero suavemente.
Estira tus miembros.
Siéntate.
Entorna los ojos poco a poco.
Ciérralos y piensa en el número dos.
Solo y únicamente en el número dos:

- La unión.
- El reconocimiento del otro.
- La pareja.
- La pasión.
- El respeto.
- El arte.
- La consideración mutua.
- La lealtad entre pares.
- La multiplicación.
- El ahorro.
- La administración.
- La siembra y la cosecha.

- La superación del yo a través del otro.
- La filosofía.
- La sabiduría intelectual.
- El patrimonio.
- La sana ambición.
- El crecimiento.
- El poder de la soledad y la compañía.
- La capacidad personal sin depender del otro.

TRES

Aléjate de toda distracción, molestia exterior, interior y ruido.

Relájate.

Ponte cómodo.

Respira intensa, pero suavemente.

Estira tus miembros.

Siéntate.

Entorna los ojos poco a poco.

Ciérralos y piensa en el número tres.

Solo y únicamente en el número tres:

- Versatilidad.
- Astucia.
- Inteligencia.
- Capacidades múltiples.
- Facilidad de lenguas.
- Comunicación.
- Resolución de conflictos.
- Periodismo.
- Investigación.
- Salud.
- Remedio.
- Distinción.
- Juventud.
- Emancipación.

- Dedicación.
- Literatura.
- Introspección.
- Fraternidad.

CUATRO

Aléjate de toda distracción y ruido, y céntrate en ti.

Relájate.

Ponte cómodo.

Respira intensa, pero suavemente.

Estira tus miembros.

Siéntate.

Entorna los ojos poco a poco.

Ciérralos y piensa en el número cuatro.

Solo y únicamente en el número cuatro:

- El hogar.
- La casa.
- La familia.
- La madre.
- El alma.
- Las emociones.
- Los sentimientos.
- La capacidad de resistir los sufrimientos.
- La creación.
- El dar a luz.
- El amor.
- La alimentación.

CINCO

Aléjate de toda distracción y ruido, sobre todo del ruido personal e interno.

Relájate.

Ponte cómodo.

Respira intensa, pero suavemente.
Estira tus miembros.
Siéntate.
Entorna los ojos poco a poco.
Ciérralos y piensa en el número cinco.
Solo y únicamente en el número cinco:

- Los hijos.
- La suerte.
- El ego.
- La mitad de dios.
- El ser.
- La luz interna.
- La superación personal.
- El ánimo.
- La ilusión.
- El deseo.
- El Yo.
- La identidad.
- La fuerza interior.
- La esperanza.
- La superación personal.
- La liberación.
- La premonición.

SEIS

Aléjate de toda distracción, trampa, engaño y ruido.
Relájate.
Ponte cómodo.
Respira intensa, pero suavemente.
Estira tus miembros.
Siéntate.
Entorna los ojos poco a poco hasta que desaparezca todo de tu visión.

Ciérralos y piensa en el número seis.
Solo y únicamente en el número seis:

- El servicio.
- La empatía.
- La poesía.
- El amor universal.
- La fidelidad.
- La protección y el cuidado del otro.
- Magia.
- Intuición y videncia.
- Elevación.
- Castidad.
- Virginidad.
- Entrega.
- Pensamiento crítico.
- Sabiduría interna.
- Reflexión.
- Meditación.
- Entendimiento.
- Luz interior.
- Maduración.
- Enaltecimiento.
- Lucidez.
- Nuevos horizontes mundanos, anímicos y espirituales.

SIETE
Aléjate de toda distracción y ruido.
Relájate.
Ponte cómodo.
Respira intensa, pero suavemente.
Estira tus miembros.
Siéntate.
Entorna los ojos poco a poco.

Ciérralos y piensa en el número siete.
Solo y únicamente en el número siete:

- La llave que abre todas puertas.
- El intelecto.
- Las matemáticas.
- La música.
- La belleza.
- La armonía.
- La agilidad.
- La inventiva.
- Los descubrimientos.
- El peso del alma.
- El perdón.
- La superación sobre la ira, la violencia y el conflicto.
- El acuerdo.
- La diplomacia.
- Lo social.
- Las uniones y sociedades.
- El hacer y deshacer.
- El renacer.

Осно

Aléjate de toda distracción y ruido.
Relájate.
Ponte cómodo.
Respira intensa, pero suavemente.
Estira tus miembros.
Siéntate.
Entorna los ojos poco a poco.
Ciérralos y piensa en el número ocho.
Solo y únicamente en el número ocho:

- El infinito.

- El puente entre la vida y la muerte.
- La imaginación.
- Los sueños.
- Los peligros de estar vivo y consciente.
- La fuerza interior.
- La tenacidad.
- La magia.
- La aventura.
- La adrenalina.
- La transmutación y la transformación.
- El mundo interior.
- El camino.
- La espiral del karma.
- El despertar.
- El todo.

NUEVE

Aléjate de toda distracción y ruido.
Relájate.
Ponte cómodo.
Respira intensa, pero suavemente.
Estira tus miembros.
Siéntate.
Entorna los ojos poco a poco.
Ciérralos y piensa en el número nueve.
Solo y únicamente en el número nueve:

- La concreción.
- La atención plena.
- La consciencia.
- El saber.
- El entender.
- El comprender.
- La meta.
- El espíritu.

- La perfección.
- La magia y la ciencia internas.
- El viaje.
- El verbo, el habla.
- El poder.
- La ley.
- La justicia.
- La fe.
- Lo que nunca cambia.
- La conquista.
- La empresa.
- La visión clara.
- La vuelta a casa.
- El espíritu.
- La liberación total.

VIII
FRASES PARA
LA PLENA CONSCIENCIA

Todo en este mundo
es doctrina,
incluso la antidoctrina
es doctrina,
por eso es por lo que el pensamiento
tiene más de una prisión.

¿Cómo distinguir lo falso de lo verdadero?
¿Cuál es la doctrina acertada?
¿Quién tiene o deja de tener razón?
Contempla el aquí y el ahora sin juzgar, nos responde el mindfulness, observa con atención, vive el momento, estírate como los gatos, ponte en una posición cómoda, respira, medita, deja a un lado los juicios de valor, la moral común, los deseos, los sueños, los prejuicios, las ideas preconcebidas y céntrate en ti, en la creatividad de tu mente, en el milagro y la magia de lo que te rodea, fúndete con el todo y sé uno con el universo.

-Mindfulness es atención plena.

-Mindfulness es aquí y ahora.

-Mindfulness significa estar despierto.

Sé uno con el universo.

-Mindfulness significa saber lo que se está haciendo a cada momento.

-Pensar en términos de pesimismo u optimismo es simplificar demasiado la verdad. El problema es ver la realidad tal como es.

¿Qué es la realidad?

-La realidad es como es; decir que te gusta o te desagrada es juzgarla bajo criterios estereotipados.

-La expectativa me ha traído a la decepción.

-La decepción me ha traído a la sabiduría.

-La aceptación, el reconocimiento y la apreciación me han traído la alegría y la satisfacción.

-Mindfulness es el proceso de reconocimiento.

-La mejor manera de capturar momentos es prestar atención. Esta es la forma en que cultivamos la atención plena.

-Nada de lo que vivimos se pierde, todo es eterno y permanente.

Nada de lo que vivimos se pierde.

-Muchas personas están vivas, pero no sienten el milagro de estar vivas.

-Darte cuenta de ti mismo es darte cuenta de la presencia del universo.

-La atención es una manera de hacerse amigo de nosotros mismos y de nuestra experiencia.

-No mientas a los demás, pero sobre todo no te mientas a ti mismo.

-Vive todo intensamente, que la recompensa es la liberación eterna.

-¿Las pequeñas cosas? ¿Los pequeños momentos? No son tan pequeños como parecen.

-Toda una vida suele ser solo un momento.

-El momento presente es el único tiempo sobre el que tenemos algún dominio.

-El tiempo que crees que tienes es precisamente el que ya no tienes.

-La única cosa que es real al final de tu viaje es lo que está sucediendo y lo que estás haciendo en este momento. Esto es todo lo que hay, siempre.

-La meditación es ser consciente de lo que está pasando ahora mismo: en tu cuerpo, en tus sentimientos, en tu mente y en el mundo.

-La atención plena es simplemente ser consciente

de lo que está sucediendo en este momento, sin desear que sea diferente; disfrutando de lo agradable sin aferrarse cuando cambia (que lo hace), estar con lo desagradable sin temor a que siempre será de esta manera (que no lo será).

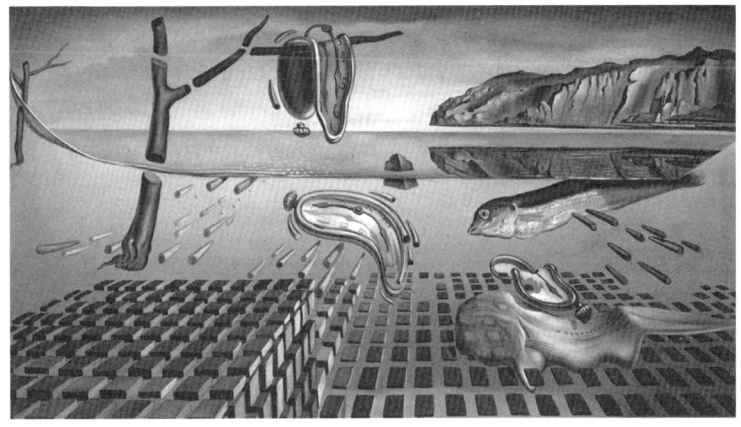

Lo que está sucediendo en este preciso momento.

-Responde, no reacciones. Escucha, no hables. Piensa, no asumas.

-Si se limpiaran las puertas de la percepción, todo aparecería al hombre como es: infinito.

-Podríamos empezar mediante el escaneo de nuestro cuerpo... y luego preguntar "¿qué está sucediendo?". También podríamos preguntar: "¿Qué quiere mi atención en este momento?" o "¿Qué está pidiendo aceptación?"

-En este momento, hay un montón de tiempo.

-En este momento usted es, precisamente, como debe ser.

-En este momento hay posibilidades infinitas.

-Todo, absolutamente todo, está dentro de este preciso momento.

-La atención plena se trata de estar completamente despiertos en nuestras vidas. Se trata de percibir la exquisita intensidad de cada momento. También de tener acceso inmediato a nuestros propios recursos internos para la transformación y la curación.

-Todo está en proceso de curación, nada está realmente enfermo.

Todo está en proceso de sanación.

-Cada noche morimos.

-Cada mañana nacemos de nuevo.

-Lo que hacemos hoy, ahora mismo, es lo que más importa.

-La práctica de la meditación no se trata de intentar mirar hacia otro lugar para convertirse en

algo mejor. Se trata de hacerse amigo de lo que ya somos.

-Si sabes ser realmente bueno contigo mismo, sabrás serlo con los demás.

-Aprende a quererte, y amarás al mundo.

-No puedes controlar los resultados, solo tus acciones.

-Ser consciente significa abandonar los juicios durante un tiempo, dejar de lado nuestros objetivos inmediatos para el futuro, y tomar el momento presente como es y no como nos gustaría que fuera.

-Cada paso en el camino hacia la felicidad requiere la práctica de la atención hasta que se convierte en parte de tu vida diaria.

Distracción plena.

-Prestar atención no es difícil, solo tenemos que recordar hacerlo.

-La distracción también puede ser atención plena.

-Sé humilde y camina como si estuvieras besando la tierra con tus pies.

-Cada vez que nos damos cuenta de un pensamiento, en lugar de perdernos en él, experimentemos la apertura de nuestra mente.

-La concentración es la piedra angular de la práctica del mindfulness.

-Tu atención plena solo será tan fuerte como la capacidad de tu mente de permanecer tranquila y estable.

-Sin la calma, el espejo de la atención tendrá una superficie agitada y entrecortada, y no será capaz de reflejar con exactitud las cosas.

-Los sentimientos van y vienen como las nubes en un cielo ventoso. La respiración consciente es mi ancla.

-No desees, porque todo lo que se desea se convierte en falsa esperanza, decepción y posterior sufrimiento.

-En el momento en el que deseamos ser más felices, ya no estamos contentos.

-Donde quiera que esté, allí estoy totalmente.

-En las acometidas del hoy, todos pensamos demasiado, buscamos demasiado, queremos demasiado. Y olvidamos la alegría de ser.

-Como si de una fotografía se tratara, la mejor manera de capturar el momento es prestar atención. Esta es la forma en que cultivamos la atención plena. Mindfulness significa estar despierto. Significa saber lo que está haciendo.

-Realiza todos los actos de tu vida como si fuera el último acto de tu vida.

La consciencia de estar vivo.

-Quien es consciente de su muerte, suele ser consciente de su vida.

-Si no cumples con el momento presente, te olvidas de tu cita con la vida. ¡Eso es muy serio, pues te va la vida en ello!

-Consciente y creativo, un niño que no tiene ni pasado, ni ejemplos a seguir, ni juicios de valor, simplemente vive, habla y juega en libertad.

-Si quieres derrotar la ansiedad de la vida, vive el momento, vive en el aliento.

-Fluye con lo que pueda pasar y deja que tu mente esté libre: mantente centrado, aceptando lo que está haciendo. Esto es todo.

-La vida es un estado de consciencia, no te la pierdas.

-No se puede detener las olas, pero se puede aprender a surfearlas.

-El dolor viene solo, el sufrimiento es el que se cultiva.

-Cuando haces algo, debes quemarte completamente, como una buena hoguera, sin dejar rastro de ti mismo.

-La práctica es esta vida, la realización es esta vida, y esta vida se revela aquí y ahora.

-No discutas ni con necios ni con poderosos, pero, sobre todo, no discutas contigo mismo.

-Habla contigo mismo, dialoga, piensa y actúa en consecuencia, sin ira y con amor.

-La emoción surge en el lugar donde la mente y el cuerpo se unen. Es la reacción del cuerpo a la mente.

-Usa todas las distracciones como un objeto de meditación, y dejarán de ser distracciones.

-Ahora es el futuro que te prometiste el año pasado, el mes pasado, la semana pasada.

-Ahora es el único momento que realmente tienes.

-La atención plena es despertar al hoy.

-La felicidad es tu naturaleza. No hace falta desearla, pues es parte de tu ser interno.

-No busques fuera lo que se encuentra dentro.

Salvar al mundo.

-Haz hoy lo que debas hacer apasionadamente. ¿Quién sabe? Tal vez mañana no tengas tiempo cuando llegue la muerte.

-El deseo de reformar el mundo, sin descubrir tu verdadero yo, es como tratar de cubrir el mundo con cuero para evitar el dolor al caminar sobre las piedras y las espinas. Es mucho más sencillo usar los zapatos.

-Tantas pieles tiene la cebolla, que el mundo nunca es lo que parece.

-No creas todo lo que piensas. Los pensamientos son solo eso: pensamientos.

-La gente suele considerar caminar sobre el agua o volar por el cielo como un milagro, pero creo que el verdadero milagro no es eso, sino caminar sobre la tierra.

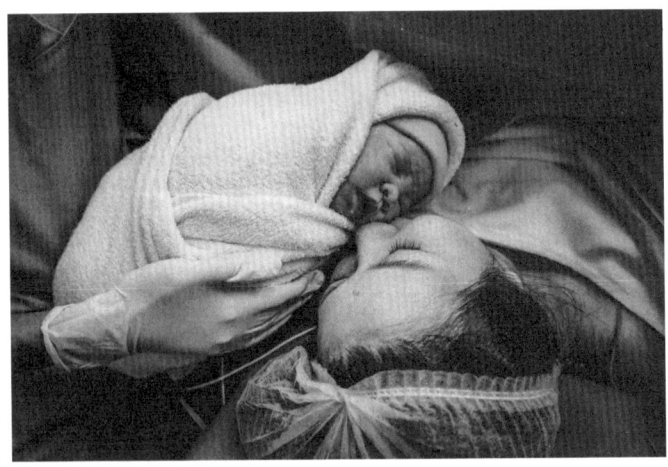

El milagro de la vida.

-Cada día estamos inmersos en un milagro que

ni siquiera reconocemos: un cielo azul, nubes blancas, hojas verdes, los ojos curiosos de un niño, nuestros propios ojos... Todo, absolutamente todo es un milagro.

-La meditación es la única actividad intencional y sistemática humana que, en el fondo, no trata de mejorarse a uno mismo ni conseguir nada, sino simplemente de darse cuenta de lo que ya está.

-Medita sin finalidad, y habrás alcanzado el cielo.

-Tu visión solo se hará evidente cuando mires en tu corazón. Quien mira hacia afuera, sueña. Quien mira hacia adentro, despierta.

-El conocimiento no significa dominar una gran cantidad de información diferente, sino la comprensión de la naturaleza de la mente. Este conocimiento puede penetrar en cada uno de nuestros pensamientos e iluminar cada una de nuestras percepciones.

-La conciencia es el mayor agente de cambio.

-La realidad es solo un acuerdo entre partes.

-El significado se esconde en lo insignificante. Aprecia todo lo que es.

-A lo largo de esta vida, nunca se puede estar seguro de vivir el tiempo suficiente como para tomar otro aliento.

-Sé feliz en este momento, eso es suficiente.

Sé feliz ahora mismo.

-Cada momento es todo lo que necesitamos, no más.

-La atención es la aceptación consciente y equilibrada de la experiencia actual. No es más complicado que eso. Es abrir y recibir el momento presente, agradable o desagradable, tal y como es, sin aferrarnos ni rechazarlo.

-Existimos solo ahora, vivimos en este eterno momento único que se desarrolla ante nosotros, día y noche.

-Cuando te bañas, piensas en el desayuno.

164

-Cuando desayunas, piensas en el trabajo.

-En el trabajo, piensas en la salida.

-Saliendo, piensas en llegar a casa.

-Estando en casa, piensas en el día de mañana.

-Hoy no has estado en el presente.

-Hoy no has vivido el «ahora». Te estás perdiendo la vida misma.

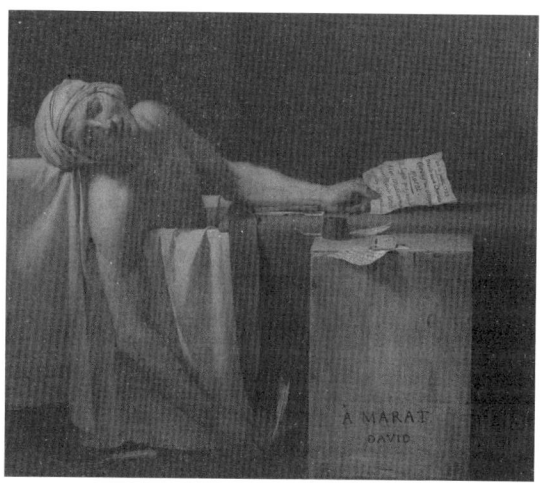

Si no vives el hoy, te destruyes.

-La atención plena nos libera del olvido y la dispersión y hace que sea posible vivir plenamente cada minuto de la vida. La atención plena nos permite vivir.

-Hay algo maravillosamente audaz y liberador en decir que sí a toda nuestra vida imperfecta y desordenada.

-*La culpa, el arrepentimiento, el resentimiento, la tristeza y todas las formas de desesperanza son causadas por el exceso de pasado y la no suficiente presencia.*

-*Es solo cuando realmente sabemos y entendemos que tenemos un tiempo limitado en la tierra, y que no tenemos manera de saber cuándo nuestro tiempo se acabará, cuando vamos a empezar a vivir cada día al máximo, como si fuera el único que tenemos.*

-*El verdadero viaje de descubrimiento no consiste en buscar nuevos paisajes, sino en mirar con nuevos ojos.*

-*Este es el verdadero secreto de la vida: estar completamente comprometidos con lo que estamos haciendo en el aquí y ahora. Y en lugar de hacer, nos damos cuenta de que estamos viviendo.*

-*La conciencia pura trasciende el pensamiento. Permite dar un paso fuera del murmullo del diálogo interno negativo y sus impulsos y emociones reactivas. Te permite ver el mundo una vez más con los ojos abiertos. Y cuando lo hace, una sensación de asombro y satisfacción tranquila comienza a reaparecer en tu vida.*

-*La única manera de vivir es aceptando cada minuto como un milagro irrepetible.*

-*En el momento en que uno presta mucha atención a cualquier cosa, incluso a una brizna de hierba, se convierte en un impresionante e indes-*

criptiblemente magnífico mundo misterioso, en sí mismo.

-Hoy en día se puede decidir caminar en libertad. Se puede optar por caminar de manera diferente. Se puede caminar como una persona libre, disfrutando cada paso.

Camina por el sendero correcto.

-La vida no se pierde al morir: la vida se pierde minuto a minuto, día a día, arrastrándose en todas las pequeñas formas de indiferencia.

-¿Qué pasa con nuestras expectativas, planes o ideas que tanto nos influencian? Es como si hubiéramos escrito un guion para una obra sobre nuestra vida un mes antes de la vida real; pero si la realidad varía de lo que hemos creado en nuestra mente, nos separamos de ella o nos deprimimos.

-La esencia de la valentía es estar aquí y ahora sin autoengaño.

-Todo es creado dos veces, primero en la mente y luego en la realidad.

-La atención plena, también llamada la atención sabia, nos ayuda a ver lo que estamos añadiendo a nuestras experiencias, no solo durante las sesiones de meditación, sino también en otros lugares.

-Utilizamos la atención de observar la forma en que se aferran a las experiencias agradables y se alejan de las desagradables.

-No se trata de que nos guste, se trata de ser capaces de permitir que el mundo sea como es, sin resentir, odiar o juzgarlo.

-Mi experiencia es que muchas cosas no son tan malas como pensé que serían.

-El sufrimiento, por lo general, se refiere a querer que las cosas sean diferentes de lo que son.

-El bien y el mal se diluyen en el mar de la sabiduría.

A menudo el bien es el espejo del mal.

-*Para disminuir el sufrimiento del dolor, tenemos que hacer una distinción fundamental entre el dolor del dolor, y el dolor que creamos con nuestros pensamientos sobre el dolor. El miedo, la ira, la culpa, la soledad y la impotencia son todas las respuestas mentales y emocionales que pueden intensificar el dolor.*

-*Nadie se ha enfadado nunca con otro ser humano, solo nos enfadamos con nuestra historia alrededor de ese ser humano.*

-*Cuando estás presente, puedes permitir que la mente sea como es, sin enredarte en ella.*

-*Todos los problemas percibidos de "ahí afuera" en realidad no son más que un error de percepción dentro de tu propio pensamiento.*

-*Pocos de nosotros vivimos en el presente. Estamos anticipando siempre lo que ha de venir o recordando lo que ha pasado.*

-*Nos retiramos de nuestra experiencia del momento presente. Nos alejamos de los crudos sentimientos de miedo y de la vergüenza sobre nosotros mismos sin cesar, explicando historias sobre lo que está sucediendo en nuestra vida.*

-*La sensación de que cualquier tarea es una molestia pronto desaparece si se hace en la atención plena.*

-*La forma estándar de reducir el estrés en nuestra cultura es poner tanta energía como sea posible* en tratar de llegar a un momento que coincida con nuestras preferencias. Esto asegura que sintamos cierto nivel de estrés hasta que lleguemos allí (suponiendo que lleguemos alguna vez) y, peor, hace que el momento presente sea un lugar inaceptable para estar.

-La sabiduría dice que no somos nada. El amor dice que lo somos todo. Entre estos dos flujos se encuentra nuestra vida.

-La meditación no es una evasión, es un encuentro sereno con la realidad.

El poder de tu otro yo.

-Tenemos que estar dispuestos a encontrarnos con la oscuridad y la desesperación cuando se presenten y se enfrentarnos a ellas, una y otra vez si es necesario, sin huir o adormecernos a nosotros mismos en las miles de formas en que procuramos evitar lo inevitable.

-Acepta quién eres, es el mejor camino para superarte a ti mismo.

-Si no estás en el momento, es que estás mirando hacia adelante a la incertidumbre o hacia atrás al dolor.

-Salir del ajetreo, detener nuestra búsqueda sin fin de conseguir o lograr, es quizás la más bella ofrenda que podemos hacer a nuestro espíritu.

-La agresión más fundamental hacia nosotros, el daño más importante que podemos hacernos a nosotros mismos, es permanecer en la ignorancia por no tener el valor y el respeto de mirar con honestidad y con cuidado.

-Todos los seres quieren ser felices, sin embargo, muy pocos saben cómo hacerlo.

-Es por ignorancia que cualquiera de nosotros causamos sufrimiento, ya sea hacia nosotros mismos o hacia los demás.

-La energía de la atención tiene el elemento de la amistad y la bondad en su interior, como una semilla del bien.

-El aprender a permitir que los diferentes tipos de molestias simplemente permanezcan en la habitación con nosotros, sin juzgarlas ni evitarlas, hace que las molestias importen menos.

-Mira a otras personas y pregúntate si realmente las estás viendo a ellas o a tus pensamientos sobre ellas.

-No vemos la realidad, vemos lo que creemos que es la realidad.

-A menudo tenemos muy poca empatía por nuestros propios pensamientos y sentimientos, y con frecuencia tratamos de suprimirlos, destituyéndolos como debilidades.

-Reconoce el dolor y el sufrimiento que tienen lugar dentro de ti, permite que los sentimientos se tomen tiempo, y esta nueva forma de manejar estos sentimientos va a cambiar la manera de relacionarte contigo y con el mundo exterior.

La tristeza puede ser adictiva.

-El don más precioso que podemos ofrecer a los demás es nuestra presencia. Cuando la atención plena abraza a los que amamos, van a florecer como las flores.

-Hacer frente a la oscuridad y la desesperación es la verdadera fuerza. Es muy difícil, pero es la *única manera de curar de verdad y encontrar la paz.*

-Dondequiera que vayas, ahí estás.

-Todo lo que tiene un principio tiene un final. Hagamos las paces con eso y todo irá bien.

Frases de todo y para todo, provenientes del estoicismo, el budismo, el zen, el sufismo y hasta el cristianismo, mezcladas en algunos casos con la pragmática del siglo XX, donde cada frase la pudo haber dicho o escrito cualquiera para colgarla en las redes sociales, donde todo se difumina.

Total, todo momento es aquí y todo lugar es ahora, y lo único que puede realmente importar es el momento justo en el que uno está vivo, lo demás no tiene relevancia alguna aunque se repita siempre en este bucle existencial que llamamos vida.

Tampoco importan los nombres propios en el mindfulness, ni quién es el padre, gurú o santón del invento, porque lo pueden ser todos, nadie o cualquiera, como Jodorowsky, Watts o Jon Kabat-Zinn, sin que ello favorezca o demerite la atención plena, que es de lo que se trata.

IX
EL MILAGRO DEL PENSAMIENTO

Pienso,

luego existo.

DESCARTES

No es que absolutamente todo esté en la mente, pero la verdad es que el cerebro es un invento portentoso que nos lleva de la mano a los seres humanos tanto en el consciente como en el inconsciente y en el subconsciente, tratándonos en muchos casos como simples autómatas, pues no sabemos qué es lo que está haciendo en ese momento.

Los seres humanos hemos situado las emociones en el corazón, el estómago, el hígado, pero tal parece que todas se pueden reunir en el cerebro.

¿Primero sentimos y luego pensamos?

¿O primero pensamos y luego sentimos?

No cabe duda de que reaccionamos ante diferentes estímulos.

Tampoco cabe duda de que somos más emocionales que racionales, por lo que el sentir y el reaccionar debería ser primero que el pensar.

Sin embargo, todas las reacciones químicas que nos sirven para sentir y reaccionar se producen en el cerebro, como si se anticiparan a nuestros preciados sentimientos.

Es más, se pueden provocar diversas reacciones emotivas sin tener un referente real que las cauce, ya que con un poco de alcohol, dulce o chocolate el cuerpo se siente feliz, alegre y enérgico, sin que haya un motivo real para ello.

Las drogas pueden alterar nuestra consciencia y hacernos creer que hemos llegado al Nirvana cuando ni siquiera hemos despertado al espíritu.

El cerebro, con drogas o sin drogas, es un gran fabulador, pues le basta con imaginar una situación para caer en el drama, y a veces en la tragedia.

El mindfulness es consciente de las arbitrariedades mentales, y por eso pide a sus seguidores que mediten y vean la realidad desde otro punto de vista siempre, sin juzgar y sin presentir, porque la intuición también falla, y nos invita a centrar la plena consciencia en los hechos con la actitud más positiva posible.

Duda de lo que piensas.

Duda de lo que ves.

Duda de lo que sientes.

Piensa, reflexiona y duda.

Aléjate mentalmente de las novelas literarias que conforman las emociones de tu mente. Las novelas son ficciones, y en realidad nadie ama ni odia como sucede en los dramas escritos, y creerlo puede llevarnos a diversos errores y mal entendidos.

La vida real no es como en las películas.

Los héroes no suelen ser unos asesinos descarnados a los que no les importa la suerte de los secundarios.

En la vida real todo importa, y es tan dolorosa una pérdida como otra, no solo la del protagonista.

Pero nuestra mente se ha acostumbrado a vivir en la irrealidad de las ficciones, entre hadas y

monstruos, entre malos y buenos, con estereoti-
pos cada vez más difíciles de cumplir.

Una verdadera locura, pero tan real como la
irrealidad de la vida misma.

CALVOS

El día que todos los calvos y calvas del mundo
amanecieron con la cabeza llena de pelo,
muchos dieron gracias a sus dioses,
otros a los científicos, a su médico,
a las farmacéuticas, a un reputado sabio
y hasta a su viejo peluquero,
o a los amuletos, mandas, promesas
y ventas de alma a un demonio medianero.

Algunos se dieron las gracias a sí mismos,
pensando que habían inventado el remedio
al mezclar alcohol de caña con ramitas de romero,
mientras que otros no dieron gracias a nadie,
¡desagradecidos, infieles, presuntuosos ateos!,
simplemente se peinaron o fueron al barbero
a que les arreglara la nueva mata de pelo.

Con el tiempo lo olvidaron
y tomaron como normal que no hubiera
ni un solo calvo ni calva en el universo entero,
y colgaron el recuerdo que aún quedaba
en un lejano mito legendario y medieval
perdido en las gélidas nieves de los tiempos:
"Nunca existió calvo alguno de verdad,
la calvicie es solo un cuento."

DR. TAPIA

¿La calvicie? Un invento, una ficción.

Así es, todo lo que existe y lo que no existe ni ha existido nunca bien puede ser una convención social.

Lo curioso es que algunas cosas sí existen a pesar de nuestra mente, y por más que las queramos ocultar.

Plena consciencia de nuestro comportamiento

Una de ellas es nuestro propio comportamiento, el cual hemos refinado mucho en los últimos doce mil años con la llegada de la urbanidad y la civilización, pero que sigue siendo algo ventajoso y asesino.

No hemos superado del todo nuestros defectos, pero gracias a la mente hemos podido vivir más o menos en paz con nuestros familiares y con nuestros vecinos en las sociedades modernas y avanzadas.

Hay a quien el buen comportamiento le parece un corsé, algo antinatural, pero la verdad es que se vive mejor y más tranquilo con menos conflictos "naturales" que con ellos.

Cuando de niño mi tía Jenny me decía "*be kind and be mindful*[3]", se refería a que fuera un niño bueno y bien educado, y no a que tuviera plena consciencia de mi comportamiento.

Hoy en día el consejo de mi tía Jenny sigue siendo válido para mi comportamiento: ser bueno y bien educado, algo que me da felicidad, tranquilidad y hasta buenos dividendos.

Yo me porto lo mejor que puedo, y mi mente hace el resto. Maravilloso.

---

3   "Sé amable y consciente."

Epílogo:
Una vida próspera y plena,
mindfulness para la riqueza

> *Tener o no tener,*
> *poseer o no poseer,*
> *desear o no desear,*
> *vibrar o no vibrar*
> *de un ego insatisfecho.*

Aunque se han escrito miles de libros sobre el tema con toda clase de consejos para los lectores y seguidores, y con las habituales promesas de "hágase usted rico en tres lecciones y cuatro capítulos", la verdad es que el mindfulness es muy claro y sencillo al respecto y que su idca dc negocios, dinero y riqueza se podría resumir en tres ramas:

¿Qué sabes hacer?

¿Qué estás haciendo?

¿Qué necesitas en este preciso momento?

Haz lo que sabes hacer y no te distraigas ni pierdas el tiempo en otras cosas.

Termina con lo que hayas empezado, no dejes nada a medias.

Lo único que necesitas en este momento es concentrarte y tener plena consciencia de ti y de lo que estés haciendo,

Si no sabes hacer nada, no hagas nada. Relájate, respira hondo, medita, mira en tu interior y estudia, crea, inventa, produce algo nuevo para ti y dedícate a hacerlo.

Si no estás haciendo nada, muy bien, porque al menos estás respirando y leyendo el presente texto, que ya es algo, así que relájate, sé consciente de tu respiración y de ti mismo, y sigue con tu dulce hacer nada hasta que te canses y te pongas en acción con lo que sabes hacer.

Haz bien lo que bien sabes hacer.

Como patrón o líder no seas abusivo.

Como empleado o gregario no seas pusilánime.

Esto vale tanto para la paz como para la guerra, porque solo con plena consciencia de lo que haces lograrás llevar a cabo tus metas y satisfacer tus tareas.

No cobres de más ni cobres de menos, y si no estás a gusto con lo que ganas, manifiéstalo abiertamente, y si no te pagan lo que consideras suficiente, cambia de relaciones económicas.

El día tiene 24 horas.

Ocho son para dormir.

Ocho son para trabajar o estudiar.

Y las ocho restantes para el ocio, el amor, la familia o ciertas actividades que te enriquezcan personalmente.

El dinero es un medio.

El dinero es un símbolo de intercambio.

El dinero no es ningún dios.

El dinero lo fabrican los hombres, y lo queman una vez acaba su ciclo.

El dinero no va a Marte.

En macroeconomía no se paga con billetes, y mucho menos con monedas.

El dinero es finito y las operaciones que se pueden hacer con él son casi infinitas.

Y aunque parezca increíble, el dinero no hace la felicidad, la imita, y se puede ser millonario y desgraciado a la vez, porque el exceso de dinero también puede ser muy tedioso y aburrido.

El dinero imita a la felicidad, no la da.

El dinero no corrompe ni compra voluntades, son los humanos los que caen en sus propias trampas.

El dinero es solo una herramienta.

Por tanto, debes tener plena consciencia de lo que es el dinero antes de dejar que te deslumbre con sus oropeles, porque nada es gratis en este mundo capitalista, y mucho menos el dinero, por lo que mientras más tengas y codicies, más pagarás con tu alma, tu salud y tu familia.

Hay ricos felices y pobres infelices.

De la misma manera que hay ricos infelices y pobres felices.

Por tanto, quizá la felicidad no dependa del todo de la riqueza.

De cualquier manera, en este mundo, no nos engañemos, más vale tener dinero que no tenerlo.

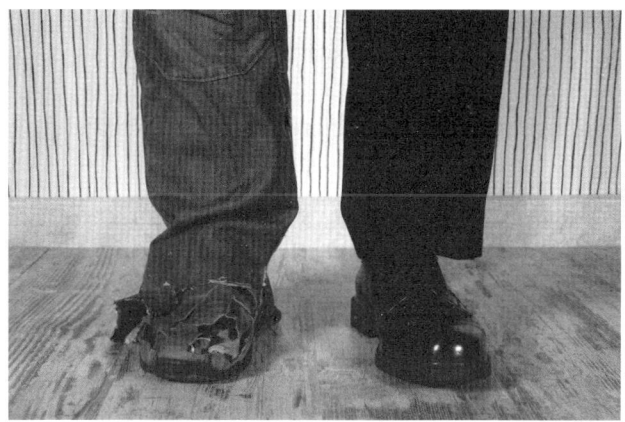

Felicidad y dinero, más vale tenerlo.

Haz lo que tengas que hacer para gozar de una economía sana, pero no te vendas al sistema a la espera de grandes recompensas, porque no las hay, y si tu actividad te da más dinero del que necesitas para una vida sana y digna, lo hace para que consumas más, más y más, de tal manera que estés obligado a trabajar más y más para mantener todo lo comprado.

La ambición es sana.

La codicia es necia.

Los verdaderos potentados no salen en la revista *Forbes*.

Puedes ser millonario, pero con poderes muy limitados si no perteneces a la élite.

No es más rico quien más tiene, sino quien me-

183

nos necesita, pues quien nada necesita ya lo tiene todo.

Nadie se ha hecho rico trabajando.

Trabajar mucho no quiere decir producir más ni mejor.

Una cosa es tener plena consciencia, y otra padecer plena obsesión. Haz lo que tengas que hacer, ni un poco menos ni un poco más.

No te ilusiones con el trabajo ni pretendas rendir más de la cuenta para que los jefes te tengan en mayor aprecio. No persigas al viento.

La ingenuidad es inevitable cuando se comienza cualquier trabajo, profesión o estudio, pero no debe ser una constante. Aprende.

La justicia y la ingenuidad son ciegas.

No porque el mundo esté conformado por amos y esclavos tú tienes que ser uno de ellos. Libérate.

La riqueza es una ilusión que a menudo sale excesivamente cara.

La riqueza y la abundancia son mucho más antiguas que el dinero.

Construye tu propio mundo y tus propios valores, y verás lo rico que ya eres.

Que nadie te marque el camino ni te diga a qué debes aspirar en esta vida. No copies, sé tú mismo y vivirás en plenitud de bienestar y consciencia.

El mundo no es justo, ni tiene por qué serlo.

La justicia es un concepto inventado por los hombres.

El absurdo de los absurdos es que se tenga que cumplir con la ley aunque se desconozca su existencia.

La naturaleza no es justa, es severa.

Liberación de una prisión a otra prisión.

185

La vida puede ser una prisión que te libera para caer en otra prisión.

La vida es cruel y piramidal, como la naturaleza misma.

No hay caminos de salvación, sino senderos de orden social. .

Mejorar y superarse consciente y constantemente es el único camino.

Toda guerra es un atropello del más fuerte sobre el más débil.

Toda conquista es un acto de deshonor.

Mientras la guerra sea un negocio lucrativo, la vida humana no tendrá valor.

Los derechos humanos suenan bien, si se cumplieran sonarían mejor.

No te engañes: la vida es dura, y tu misión es hacerla mejor aunque solo sea para ti mismo.

El amor puede ser un hermoso sentimiento, pero también puede ser fuente de dolor, abandono y traición; por tanto, no inviertas todo tu capital humano en el amor.

Si no comiéramos, no ambicionáramos y no vistiéramos, el amor tendría otro valor y otra consideración.

La riqueza del alma y de los sentimientos es una bendición, que por desgracia puede comprarse y venderse al mejor y al peor postor.

Lo que se vende y lo que se compra es indigno por definición, solo tiene valor lo que se entrega gratis, con toda el alma y sin esperar nada a cambio.

Comprar un alma es comprar un error.

La manera más fácil de atraer el rencor, los celos y la envidia de los que te aman a tu vida es "triunfando", pues se puede perdonar al perdedor, pero nunca al ganador.

Sé discreto con tus triunfos y con tus ganancias.

Confía solo en ti mismo, pero después de haberte puesto a prueba por lo menos tres veces sin que por tu mente haya aparecido la tentación de la traición.

Obtener trabajo fijo para toda la vida, con la pensión de jubilación garantizada, puede ser un triunfo, pero también una perdición o una condena de cadena perpetua donde nunca pasa nada ni puedes aspirar a nada mejor.

No obtenerlo puede ser la salvación y tener, a cambio, una vida digna de haber sido vivida.

Todo depende del operador.

Lo terrible es cuando no tienes opción y no puedes escoger ni una vida de trabajo o una vida de libertad, y la existencia te atropella con sus miserias y pobreza, condenándote a una indigencia no buscada ni deseada.

La pobreza viene sola y se extiende.

Por supuesto, hay gente astuta que vende su compañía o supuestos sentimientos a otra persona, pareja, madre, hijos o lo que sea, y ni trabaja ni vive en libertad, y mucho menos puede caer en la indigencia no deseada, y a eso le llaman amor, cariño, familia o lo que sea.

La pobreza es un viejo fenómeno que acompaña a la humanidad desde hace miles de años y sin más solución que seguir aumentando, pues gracias a ella y al trabajo de los pobres se pueden construir países y fortunas enteras.

Si no somos conscientes plenamente de la pobreza, tampoco lo podremos ser de nuestra propia riqueza.

De una o de otra manera, lo que realmente importa en esta vida es que hagas las cosas a consciencia plena, buenas o malas para el resto de la sociedad, pero a plena consciencia de ser y de hacer lo que necesitas para sobrevivir lo mejor posible en este planeta, donde se viste, se come y se enferma sin que la consciencia ni la voluntad puedan impedirlo.

Eso es mindfulness, muy criticado a veces por su pragmatismo, donde la moral es laxa o escasa, aunque el mindfulness nunca deja de tener en cuenta que hay leyes y normas que se deben respetar, o sortear, para no acabar con los huesos en la cárcel, se esté o no se esté de acuerdo con ellas.

¿Quieres vivir más o menos libre en este planeta?

Pues entonces no cometas delitos que te puedan quitar la libertad y encerrarte en una celda, a menos que goces de impunidad como soldado, policía, político o poderoso. Lo demás es engañarte y no tener plena consciencia del planeta y de la gente entre la que te encuentras.

En resumen: haz lo que sepas hacer y termina lo que has empezado, porque en el mindfulness esa es la clave de la riqueza.

BIBLIOGRAFÍA

Epicteto, *Manual de vida*, Plutón Ediciones, Barcelona, 2024.

Kabat-Zinn, Jon, *La práctica de la atención plena*, Kairós, Barcelona, 2017.

Lewis, Keith, *Terapia dinámica con los chakras*, Plutón Ediciones, Barcelona, 2024.

Marco Aurelio, *Meditaciones*, Plutón Ediciones, Barcelona, 2024.

Nhat Hanh, Thich, *El milagro de mindfulness*, Zenith, Barcelona, 2019.

Tapia Rodríguez, Javier, *Filosofía estoica para la vida diaria*, Plutón Ediciones, Barcelona, 2024.

Tatsay, Jay, *Astrología Kármica*, Plutón Ediciones, Barcelona, 2024.

ÍNDICE